W0317382

Kritik der Mitte

Tobias Prüwer studierte Philosophie und Geschichte in Leipzig und Aberdeen. Seit 2009 Theaterredakteur und zeitweiliger Chefredakteur beim Leipziger Stadtmagazin Kreuzer. Wenn er nicht über Inszenierungsstrategien schreibt, beschäftigt er sich als freier Autor u. a. für Der Freitag, Jungle World, Freie Presse und Jüdische Allgemeine mit Comics und Körperpolitiken, Heavy Metal und Arthouse, Essay und Kritik. Buchveröffentlichungen u. a.: *Fürs Leben gezeichnet. Body-Modification und Körperdiskurse* (Parodos), *Das Wörterbuch des besorgten Bürgers* (als Mitverfasser, Ventil), *Welt aus Mauern* (Wagenbach).

Tobias Prüwer

Kritik der Mitte

Der Nabel der Welt

Bibliografische Information der
Deutschen Nationalbibliothek
Die Deutsche Nationalbibliothek verzeichnet diese
Publikation in der Deutschen Nationalbibliografie;
detaillierte bibliografische Daten sind im Internet über
http://dnb.d-nb.de abrufbar.

Druck: Print Group Sp. z o.o., Stettin
Printed in Poland

ISBN: 978-3-96824-008-4

https://parodos.de/

Fragt man nach dem spezifischen Ort, den dieser Zuschreibungspunkt in der politischen Geometrie hat, erhält man nicht selten die Antwort: ›Das weiß man doch!‹ In Wirklichkeit jedoch ist das, was ›die Mitte‹ inhaltlich meint, auf der Landkarte des Politischen eine terra incognita, ein nahezu gänzlich weißer Fleck.
Kurt Lenk[1]

Dieses Bild hatte ich vor mir und spähte vergebens umher … Jetzt aber waren wir auch glücklich zwischen dem Strudel der Charybdis und dem Felsen der Skylla hindurch.
Gustav Schwab[2]

Ein Bild hielt uns gefangen. Und heraus konnten wir nicht, denn es lag in unsrer Sprache …
Ludwig Wittgenstein[3]

Inhalt

Aufriss: Ab durch die Mitte

... ist wie ein Tanz von Kraft um eine Mitte,
in der betäubt ein großer Wille steht.[4]

Alle reden von Mitte. Ratgeber leiten an, die eigene Mitte zu finden. Der Globus ist übersät mit Nabeln der Welt. Politische Parteien reklamieren die Mitte für sich, auch wenn sie rechts sind. Das Zentrum wird gegenüber der Peripherie bevorzugt. Mit Mitte werden Symmetrie, Wohlgestalt und Harmonie assoziiert. Sie verkörpert richtiges Maßhalten, Balance und gleichen Abstand zwischen zwei Extremen: Seien sie nun Laster, Klimabedingungen oder politische Ansichten. Von ihrer über zwei Jahrtausende anhaltenden Anziehungskraft hat die Mittemotivik nichts eingebüßt und soll selbst noch pluralistische Gesellschaften kitten. Wiederkehrend mahnen Politiker, in der Mitte zusammenzurücken, durch Mitte Integration zu produzieren und die Mittelschicht zu schonen. Und wer mag einem warnenden Philosophen widersprechen: »Die Mitte verlassen, heißt die Menschlichkeit verlassen«?[5] Ähnlich wie Seefahrerlegende Odysseus die goldene Mitte durchschiffen musste, um der mörderischen Nähe von Skylla wie Charybdis zu entkommen, sucht der Mensch sein Heil in der Mitte, selbst wenn er manchmal das Mittelmaß belächelt. Als Ordnungsmuster wirkt die Mitte vom Alltag bis in die Kosmologie, von der Preisauszeichnung im Supermarkt bis zum Hufeisenmodell der Extremismustheorie.

Bilder und Symbole verdichten Information, doch leiten sie mitunter fehl. Dem irrlichternden Mitteideal und seinem unreflektierten Lob auf die Spur zu kommen, ist das Vorhaben dieses Buchs. Kursorisch in der Form vermisst es ihr weites Symbolfeld und zielt auf die Voraussetzungen ihrer Überzeugungskraft. Leitende Frage ist, in welchen Mittebildern wir verstrickt sind, vom tugendhaften Leben über den Sitz Gottes und grüne Herzregionen bis zu den Risiken politischer Crash-Test-Dummies. Statt wie üblich eine ideengeschichtliche Überlieferungslinie zu ziehen und allerlei Positionen unterm Motto »Maß und Mitte« zum Amalgam der Beliebigkeit zu verschmelzen, betone ich Unterschiede und Brüche. Ich reihe keine Autoritäten als Perlen auf einem Zeitstrahl aneinander, um einen fragwürdigen Humanismusbegriff zu retten, der vom römischen Senat bis zum Grundgesetz reicht: der irgendwie maßhaltende Mensch als allgemeingültiges Vorbild, obwohl er jeweils anders gemeint wird. Wenn Politikwissenschaftler Uwe Backes postuliert, es gebe seit Aristoteles' Staatslehre eine liberale Idee bürgerlicher Verfasstheit, die in der Gegenwart ihre perfekte, normativ-wissenschaftlich zu verteidigende Form gefunden hat[6], so vertritt er damit die exakt entgegengesetzte Position zu der hier unterbreiteten. Dieses epochenüberspannende Traditionsargument leuchtet genauso wenig ein wie die grundlose Erklärung der Mitte zum Guten, Wahren und Schönen.

Dient der Rückgriff auf als nahtlos dargestellte (Erfolgs-) Geschichten zur Legitimation der Gegenwart, so nimmt dieses Buch die Selbstvergewisserung anhand der Mittemotivik skeptisch in den Blick. Ideen sind immer Kinder ihrer Zeit, sie unterliegen der historischen Kontingenz und enthalten daher keine ewige Wahrheit. Aus dieser Einsicht zielt die Kritik der Mitte darauf, sich vor ihrem Sirenengesang zu feien. Die Fesseln ihrer Symbolkraft sollen gelockert werden, um sie durch Analyse und im Verhältnis zu anderen möglichen Bildern als eine Perspektive unter anderen sichtbar zu machen. Auf dieser Suche nach versprengten Motiven der Mitte und ihrer Manifestation als zentralem Denkmuster und Ideal, Gemeinschaft zu arrangieren, zeigen sich ihre semantischen Felder als überlagert und miteinander verquickt. Sie ergänzen und stützen sich, was die vermeintliche Natürlichkeit des Mittebildes als welt-anschauliche Kategorie untermauert.

Hier liegt keine reine Kultur- und Begriffsgeschichte vor. Sich mit dieser Ideenkonstellation auseinanderzusetzen, bedeutet mehr als einen Kampf um Worte. Denn Mitte wirkt. Seit der Französischen Revolution bestimmen »Links«, »Mitte«, »Rechts« politische Parteipositionen. Nach den Katastrophen des »Zeitalters der Extreme«, wie der Historiker Eric Hobsbawm das 20. Jahrhundert bezeichnete, erwuchs Mitte zur fixen Idee der Bundesrepublik: Eine starke Mittelschichtengesellschaft verspricht Harmonie, weshalb nicht nur die »Volksparteien« die Mitte reflexhaft anbellen. Während mehr und mehr sichtbar wird, wie leer sie ist. Mitte suggeriert Ordnung in einer unübersichtlichen Welt. Mit ihr als Schutzschild wehren Überforderte Komplexität ab, instrumentalisieren sie andere politisch, um soziale Sicherheit vorzugaukeln. Wie wurde Mitte zum durchdringenden Symbol? Weshalb können wir uns Städte nicht ohne Zentrum vorstellen und Gesellschaften ebenso wenig? Warum trägt die Mittelschicht die Republik und verkörpert den gesunden Menschenverstand? Wieso werden in ihr Wahlen gewonnen, Kunden akquiriert, kann das Zirkelmaß Kriege verursachen? Wie hängt Mitte mit Bürotemperaturen, Minderheitenrechten und verschleierter Identitätspolitik zusammen? Diese Fragen soll das Buch beantworten. Wir werden sehen, wie Mitte Zeit und Raum strukturiert, bereisen die Nabel der Welt und Zentralgebäude, erkunden deutsche Mittelpunkte und ihre Schatzkisten. Wir schauen, welche Kreise antike Gesellschaften zogen, wo die Kaiser des Mittelalters thronten und wie das moderne politische Koordinatensystem entstand, das Debatten sortiert und als Grundlage der Extremismustheorie die Verharmlosung menschenfeindlicher Ideologien und Gewalt befeuert. Schlussendlich werden wir sehen, wie Mitte das moderne Menschenbild formte, das in der Welt stehende bürgerliche Subjekt, von dem eine normierende Normalität ausgeht.

Zweck des Buches ist nicht, Motive der Mitte per se abzulehnen, sondern genauer hinzuschauen, wo diese als Muster taugen und wo nicht. Im Schlusskapitel wird deshalb gefragt, ob man diesem Bild entkommen kann. Ausgeklammert wird der Komplex Medien und Mediation. Die Sortierung der Welt durch das Mediale, Schnittstellen, Interfaces wie auch durch Geld und andere Medien zu behandeln, würde zu weit weg führen. Die Mittethematik ist auch mit dieser Ausklammerung schillernd genug. »Die Sprachherrschaft in der unmittelbaren aktuellen Politik erwirbt, wer die Wortfelder besetzen kann, in denen die tagesfälligen Konflikte ausgetragen werden«, analysiert der Politikwissenschaftler Stefan Schwarzkopf. »Wer hier den anderen die Worte vorschreiben oder vorreden kann, hat schon gesiegt.«[7] Begriffsarbeit bedeutet in diesem Buch nichts anderes als Arbeit am Mythos. Denn genau das ist die Mitte: ein wirkmächtiger Mythos.

Einkreisen: Zur Semantik der Mitte

Nicht rechts ist Schöpfung und nicht links;
sondern in der Mitte[8]

Obwohl das gesamte Buch als eine Semantik der Mitte zu verstehen ist, unternimmt dieses Kapitel eine vorauseilende Systematisierung. Es soll etwas Übersicht über die verschiedenen Gebräuche des Motivs verschaffen. Wie sehr diese miteinander verflochten sein können, bezeugen die aufschlussreichen Worte eines Verfassungsrechtlers: »dass Deutschland in seiner Verfassung als Bundesrepublik seine Mitte gefunden hat, nachdem die politische Geschichte durch ein Pendeln zwischen Ost und West gekennzeichnet war, das schließlich in die deutsche Teilung mündete. Die Bundesrepublik ist auch insofern ein ›Staat der Mitte‹ *geworden*, als extreme politische Programme sich nicht haben durchsetzen können bzw. erfolgreich bekämpft worden sind. Die maßgeblichen Kräfte treffen sich in der ›Mitte‹ […] Diese Mitte ist nicht zuletzt durch einen Grundkonsens hinsichtlich fundamentaler Werte und Rechte gekennzeichnet, wie sie im Grundgesetz und im Unionsvertrag niedergelegt sind.«[9] Diese Zeilen bringen den Begriff der Mitte zum Schillern, er steht ohne Differenzierung zugleich für Ort, Ausgleich und Ordnung ein. Das geschieht häufig, wenn von der Mitte die Rede ist, wie der holzschnittartige Überblick zeigt. Auf diese Skizze folgen in den weiteren Kapiteln lockerere Tiefenbohrungen, die das jeweilige Thema genauer, aber nicht erschöpfend, sondern beispielhaft erörtern. In meinen Suchbewegungen beschränke ich mich auf das, was man gemeinhin »westliche Kultur« nennt. Das bedeutet nicht, dass Mitte originär oder exklusiv dieser zugeordnet ist. Dafür scheint ihre Symbolkraft zu grundlegend zu sein. So heißt es etwa in der chinesischen Weisheitssammlung »I Ching«: »Kein Makel, wenn du wahrhaftig bist / und in der Mitte wandelst.«[10] Konfuzius idealisierte das »In-der-Mitte-Bleiben«[11]: »Maß und Mitte sind der Höhepunkt menschlicher Naturanlage.«[12] Und: »Die Mitte ist die große Wurzel aller menschlichen Dinge in der Welt«.[13] Religionswissenschaftler Mircea Eliade nennt zahlreiche Denksysteme, in denen der »Nabel der Welt«, die »axis mundi« oder das »Zentrum der Welt« eine Rolle spielen.[14] Dafür spricht zudem das Vorkommen des Kreis-Symbols durch alle Zeiten hinweg, welches oft mit Vollkommenheit gleichgesetzt wird, weil alle Punkte der Kreislinie den gleichen Abstand zum Mittelpunkt haben. Im Buddhismus wird Buddhas Weg der »Mittlere Weg« genannt, weil er sich aller Extreme enthält.[15] Das folgende Kapitel ist als Aufzählung gestaltet, die skizzierend den weiteren Buchinhalt vorwegnehmen soll.

Ambivalenzen: Punkt und Zone, Gleichgewicht und Harmonie

As man gehet in mitten, hot man a goldenen Schlitten; as man gehet im Eck, esst man a Schüssel Dreck[16]

Der Mensch befindet sich inmitten der Welt und muss sich in ihr orientieren. Dass dabei Wahrnehmung und Denken zumeist über Gegensatzpaare funktionieren, ist anders gar nicht vorstellbar, man denke an die Unterschiede zwischen hell und dunkel, oben und unten, kalt und warm oder nass und trocken. Zwischen diesen Polen sind in der Regel abgestufte Positionen bestimmbar, zum Beispiel ist ein Lüftchen lauwarm oder ein Schwamm feucht. Das ist verständlich ohne Angabe, ob sich der betreffende Zustand wirklich in der Mitte befindet. Selbst wenn etwas im Halbdunkeln liegt, nehmen wir – trotz der angedeuteten Hälfte – nicht an, dass seine Lumenzahl exakt die Mitte zwischen hell und dunkel kennzeichnet. Wir verstehen auch so, was dieses halbe Dunkel bedeutet. Bei der Mitte ist es anders. Sie lässt sich erst durch die Nichtmitten, ihre Position zwischen Extremen lokalisieren. Diese Negativdefinition ist ein Merkmal der Mitte.

Weil das Mittemotiv in vielen Kontexten beziehungsweise mit etlichen Bedeutungen erscheint, sind mit ihm starke Überzeugungen verbunden, naturgegeben statt kultureller Natur zu sein. Mal erscheint Mitte als Mittelpunkt oder mittlerer Bereich und hat eine räumliche Bedeutung, sie kann ein zentraler Zeitpunkt oder Zeitraum sein oder ein auf eine Metrik bezogener Mittelwert. Der Begriff Mitte wird als Metapher für Gleichgewicht, einen moderaten Weg oder Zustand verwendet. Ihm werden eine eigene Qualität, ein ausgewogener Charakter und ethische Werte beigemessen. Verstanden als Maßhalten drückt sich mit ihm auch ästhetisch ein Idealstatus aus: Das Ebenmaß im Sinne eines besonderen Ins-Verhältnis-Setzen der Proportionen gilt als Ausdruck vollkommener Schönheit. Auch der Balanceakt und die Ausgewogenheit bilden ein Motiv der Mitte. Man denke nur an die versinnbildlichte Gerechtigkeit als Waage der Justizia oder das Gebot der nuklearen Balance insbesondere zu Zeiten des Kalten Kriegs. In dieser Hinsicht auffällig ist auch Eckhard Jesses Formel vom »Gebot der Äquidistanz gegenüber politischen Extremismen«, welche die »Mitte« zu den Extremisten/extremistischen Positionen halten soll. Wer einen solchen Abstand nicht wahrt, gerät, so der Politikwissenschaftler, in eine »Schieflage«.[17]

Mitte bezeichnet das Zentrum, das sich in einem symbolischen Feld gegen eine Umgebung, ein Umfeld, einen Rand als Machtzentrum behauptet, und ist als »Nabel« mit Bedeutung aufgeladen. Das drückt sich in der Rede von globalen Machtzentralen in der »ersten« und den abgehängten Ländern der »dritten Welt« aus. Die Gegenüberstellung von Metropole und Provinz ist durch ein unterschwelliges pejoratives Bild geprägt wie die Unterscheidung in Zentrum und Peripherie. Die Mitte besetzt das Herz. Axialsymmetrische Darstellungen sind grundlegende Weisen der Organisation: Sie rücken besondere Menschen, Götter und Sakrales ins Zentrum, auf achsensymmetrischen Prinzipien beruhen die Baupläne von Schlössern, Städten, Grünanlagen. Wappen und Machtarchitekturen von Staats- und Kultstätten sind davon gezeichnet. »Das Strukturmuster der Axialsymmetrie steht in Beziehung zu fast allen semantischen Aspekten von ›Mitte‹«, fasst die Motiv-Forscherin Monika Schmitz-Emans zusammen.[18] Mitte wirkt suggestiv, wenn Personen oder Objekte in die Mitte gerückt werden. Man denke an den Kirchenaltar oder das Politikerbad in der Menge. Schlagwörter der politischen Theorie und Praxis sind »Zentralstaat« und »Zentralgewalt«, eine Regierung hat einen Sitz, sie »steuert« schon der Etymologie nach: Das lateinische *regere* bedeutet »richten« und »lenken«. Das Unterscheiden in Zentrum und Peripherie, Zentrum und Provinz, Mittelmaß und Exzentrik drängt außerdem ein zwangsläufiges Entweder-Oder auf.

Es gibt die Mitte zum einen individuell, das heißt auf persönlichem Level, wie die Ratgeberliteratur vermuten lässt. Regalmeter rufen dazu auf, die eigene Mitte zu finden, zu stärken, auszubauen. Stellvertretend seien genannt: »Heilung aus der Mitte. Werde der, der du bist«, »Der sanfte Weg zur Mitte«, »Beckenboden-Gymnastik. Die eigene Mitte stärken«. Menschen stehen in der Mitte ihres Lebens oder werden aus dieser herausgerissen. Zum anderen wird die Mitte (der Gesellschaft), ob nun als alte, neue oder gar linke Mitte, von den so genannten respektive ehemaligen »Volksparteien« gebetsmühlenartig beschworen und rhetorisch vereinnahmt. Während die spätere Bundeskanzlerin Angela Merkel einmal klarstellte, dass die Mitte »rechts von links« liegt, orakelte ihr Kanzlerkandidaten-Kontrahent Gerhard Schröder: »Wer die Mitte durcheinander wirbelt, erlebt schlimmste Tragödien«.[19] Die Proklamation des In-der-neuen-Mitte-Seins bleibt nicht auf Parteienpolitik beschränkt, ein Konsumkomplex namens Neue Mitte wirbt in Jena fürs Shoppen und das Einkaufszentrum Centro wird als Neue Mitte Oberhausen inszeniert. Sich im Zentrum zu wähnen, ist attraktiv, wertet es doch wie selbstverständlich die eigene Position auf. Auch am Körper, die Extremitäten sind als jene weit vom Herz entfernten Teile bestimmt, hat das Mittedenken Hand und Fuß. Und als flüchtige Mitte zwischen gestern und heute wird die Gegenwart gedeutet. In der Mitte, so dichtete Eduard Mörike, »Liegt holdes Bescheiden«.[20]

Tatsächlich fällt die Verwendung der Mitte-Metaphorik maßlos aus. Es sind die unterschiedlichen Vorstellungen und Ebenen, die im Topos von Mitte mitschwingen und ihn so plausibel machen. Das verdeutlicht folgendes Beispiel, in dem ein Richter des Bundesverfassungsgerichts eine »Verfassung der Mitte« anpreist: »Da die Mitte kein Ort oder Zustand ist, der sich erreichen ließe, geht sie auch nicht einfach verloren, wo einmal der Ausgleich verfehlt wird.« Sie sei eine »Klugheitsmaxime, als eine Art versteckter Kompass, der zwischen technokratischer Alternativlosigkeit und einer übermäßigen Begeisterung für das Faktum der Entscheidung durchsteuert.«[21] Die Mitte wird hier als die undefinierbare Leerstelle erkannt, die sie ist. Nur wird das nicht als Problem, sondern Gewinn angesehen. Dem werden folgende Kapitel widersprechen und das Problematische herauskehren.

Dies soll als analytischer Entwurf genügen. Wir werden im Folgenden sehen, dass wir es nicht nur mit einem harmlosen Wort zu tun haben, wie der Essayist Michael Haerdter warnt: »Der Mythos Mitte setzt Zentrum mit Bedeutung oder Wert gleich. Vom Sonnenkönig zu seinen zahlreichen Nachfolgern und Nachahmern, von der Inquisition zum Stalinismus, vom bürgerlichen Milieu und *juste milieu* zum Tausendjährigen Reich und zum Eurozentrismus: wir zählen unendlich viele Versuche, die einstige Theokratie wiederherzustellen, Versuche, ein verbindliches Maß vorzugeben, eine Wahrheit für alle, und zugleich alles das zu verbannen oder zu vernichten, was sich dieser Weltsicht nicht fügt.«[22]

Maßhalten: An allem ist Aristoteles schuld

Das Beste ist das Maß.[23]

Zugeben, die Kapitelüberschrift ist übertrieben – aber nicht bis ins Extrem. Denn es ist vor allem den Schriften des Aristoteles geschuldet, dass das Mitteideal das »westliche« Denken von der griechischen Antike an durch die Jahrhunderte bis heute prägt. Zwar hielten schon Philosophen vor ihm Mitte und Maß für tugendhaft. Aristoteles aber erst systematisierte sie und verschaffte ihnen den Durchbruch in der Philosophie als Kategorien – mit Auswirkungen auf das Alltagsdenken. Mit seiner so genannten Mesotes-Lehre – Griechisch für »Mitte« – führte er sie methodisch in die Ethik ein. Von den Naturbetrachtungen bis zur Logiktheorie zieht sie sich als roter Faden durch sein Denken und Forschen. Er trieb das Prinzip auf die Spitze und verankerte es am nachhaltigsten in den Köpfen. Deshalb werden wir in späteren Kapiteln mehrfach zu Aristoteles zurückkehren müssen, etwa um zu sehen, wie sein Mitteideal das ordnungsstaatliche Denken infizierte.

Für den antiken Mediziner Hippokrates galt das Herz als Zentralorgan – weil es in der Körpermitte sitzt. Aus ihrer Zentralposition leitete auch Aristoteles die besondere Bedeutung der Mitte ab – ein zirkuläres Vorgehen, wie gleich zu sehen sein wird – und erklärte sie in seiner Philosophie zum alles durchwirkenden Prinzip. Er griff auf Vorläufer zurück, denn seinerzeit bildete die Idee des Maßhaltens bereits einen einflussreichen Strang des ethischen Denkens, aber eher als Lebensmotto denn systematische Theorie. Das tugendhafte Leben ruht dieser Vorstellung nach zwischen den Lastern in einer maßvollen Mitte. »Das Beste ist das Maß«, heißt es in der Spruchsammlung der Sieben Weisen von Griechenland, die einen Anfangspunkt der abendländischen Philosophie markieren – wenn man verallgemeinernd ein solches Projekt unterstellen möchte. »Die Mitte ist die Beste«, lautete ein anderer antiker Sinnspruch. Und eine Inschrift am Apollo-Tempel von Delphi mahnte: »Nichts im Übermaß«.[24] Schließlich galt Apollo selbst als Gott der maßvollen Ordnung, dem etwa Friedrich Nietzsche den maßlosen, rauschhaften – man könnte sagen: extremen – Dionysos als Kontrapunkt gegenüberstellte.

Als Punkt zwischen zwei äußeren Polen in gleicher Entfernung ist die Mitte nicht nur eine räumliche Vorstellung, sondern steht auch für das Perfekte und Absolute, so Aristoteles. »Die Extreme sind der Gegensatz zur Mitte und zu einander, und die Mitte ist der Gegensatz zu den Extremen« – tautologisch grenzte Aristoteles die Mitte von den Extremen ab.[25] Die Ordnungsvorstellungen der Mitte bezog er auf das individuelle Verhalten und Gemüt, die Welt und die Gemeinschaft. Grundlegende Plausibilität erlangte Mesotes zunächst durch ihren bedeutenden Platz in Aristoteles' Tugendlehre, der Lehre vom willentlichen Maßhalten zwischen konträren Charaktereigenschaften. Mitte bestimmt das richtige Handeln, so ist Mut eine Tat zwischen Feigheit und Tollkühnheit. Abstand von Völlerei und Askese hält, wer die richtige Diät verfolgt. Aristoteles erörterte die Mesotes-Lehre ausführlich und erläuterte an zahlreichen Beispielen, wie sich die Tugend als Mitte zwischen den Extremen – Übermaß und Mangel – geriert: »Die Tugend aber liegt auf dem Felde der Affekte und Handlungen, wo das Übermaß verfehlt ist und der Mangel Tadel erfährt, die Mitte aber Lob erntet und das Rechte trifft«.[26] Aristoteles beließ es nicht bei der sittlichen Lebensführung. Er übertrug es auf viele seiner zahlreichen Interessenfelder, bis es überall mittete. Es mag seltsam anmuten, dass eine Kategorie so omnipräsent ist und alles zu durchwalten scheint. Wenigstens in seinen Beispielen des Maßhaltens müsste Aristoteles doch Recht behalten. Doch auch hier trübt sich das klare Bild, wie gleich zu sehen sein wird.

Aristoteles jedenfalls war vom Ideal der Mesotes überzeugt, nicht nur als konkreter Eigenschaft, sondern als einer regulativen Idee. Mesotes verbindet die Argumente und den aus ihnen zu ziehenden Schluss in der logischen Beweisführung. Auch Wissenschaft und Kunst streben ihm zufolge nach Mitte. Maß und Mitte wurde zur naturphilosophischen Quintessenz. Die Mitte des Lebens sei das schönste Lebensalter: Während der junge Mann – er sprach nur von Männern – zur Unbeherrschtheit neigt, ist der ältere lebensmüde, kränklich und schwach. Der mittlere aber, der in Saft und Kraft Stehende habe sich die Hörner abgestoßen und sei tatkräftig. Und schließlich erklärte Aristoteles die Mitte zum quasi-ethnischen Prinzip zwischen den Völkern. Während demnach die Menschen im Norden mutig sind, aber mangels Kunst und Verstand nicht zur verfassten Herrschaft taugen, stellen Asiaten das andere Extrem dar: Mutlos seien sie und gemacht fürs Regiertwerden. »Doch das Volk der Griechen nun, wie es zwischen diesen Bereichen die Mitte hält, hat auch an beiden Charakterqualitäten Anteil«.[27] Wie Aristoteles die Mitte als Prinzip von Gesellschaft und Staat auslegte, wird im entsprechenden Kapitel gesondert erörtert, weil die Folgen dieser Bestimmung bis heute anhalten.

Immer wieder ist die Mitte als zweitbeste Lösung interpretiert worden, als versöhnliche Geste, weil etwas Besseres von unfertigen Wesen wie den Menschen nicht zu erwarten ist. Eine Gesellschaft könne eben nicht auf die Besten hoffen. Also müsse es die Masse machen, weshalb Demokratie in ihrer antiken Schrumpfform nichts weiter als die realpolitische Resignation vorm Bankrott des Idealstaats sei. Aristoteles hätte widersprochen: Die Mittleren waren für ihn die Virtuosen, keine Masse, die über ein Mittelmaß nicht hinauskäme. Sie vollbringen, was vielen nicht gelingt, ein kleines Ziel zwischen dem Zuviel und Zuwenig zu treffen. Denn Aristoteles zufolge muss man sich permanent in der Tugendhaftigkeit üben. Mitte ist bei Aristoteles kein fauler Kompromiss, sondern gelingende Lebenskunst. Sie ist kein Zustand, sondern Prozess und eine fortwährend zu bewältigende Herausforderung. Tatsächlich bemühte Aristoteles das Bild von Pfeil und Bogen, um seine Theorie zu illustrieren, vielleicht saß er dabei der Deutlichkeit seines gewählten Beispiels auf. Die besten Bogenschützen treffen schließlich die Mitte der Zielscheibe, nicht die äußeren Ringe. Sie können zielen, Windbedingungen und Distanz einberechnen und dann das kleinste Element der Scheibe, deren Zentrum, treffen. Der Faule müsse sich dementsprechend nur besonders befleißigen, der Feige besonders tapfer ins Feld ziehen, dann würden sie ihre Mitte schon finden.

Bei Aristoteles wurde die Mitte zur griffigen Weltformel. Geht man ins Detail, verschwimmt die Klarheit. Selbst bei den einfachen ethischen Beispielen stellen sich Fragen. Wo genau liegt denn Sanftmut als Mitte auf der Zornachse? Wo pendelt sich sie sich ein zwischen Zornlosigkeit und Zornmütigkeit? Aristoteles wusste um das Problem: »Wie weit also und wie man von der Mitte abweichen muß, um dem Tadel zu verfallen, läßt sich nicht leicht mit Worten angeben.«[28] Die Mitte ist als Position gar nicht selbst bestimmbar, sondern nur über die Extreme als Maß dazwischen. Diese Vagheit der Mitte ist ihr wesentliches Merkmal. Es darf nicht übersehen werden, dass Aristoteles keine rechnerische

Mitte empfahl. So schlicht war sein Bild nicht, auch wenn es in einigen seiner Vergleiche anklingt. Es ging ihm, wie er schrieb, um eine jeweils verhältnismäßige Mitte, also eine relative Position, die je nach Kontext verschieden ist. Hilfreich ist auch diese Feststellung nicht und verbleibt im Alltagswissen: Es ist klug und gut, zwischen Hunger und Völlerei etwas Nahrung zu sich zu nehmen. Über die Qualität dieser Mitte ist damit nichts gesagt. Diese Unklarheit ist theoretisch problematisch, auf funktional-praktischer Ebene ist sie auch als Entschuldigung verstehbar, sollte der Mensch einmal fehlen. Denn die Mitte ist nur allzu menschlich, im Menschen ist die Mitte für Aristoteles wesenhaft verankert – sie ist Ziel seines Seins. Lebenskunst besteht nicht wie später bei den stoischen Denkern des antiken Roms darin, eine pragmatische Haltung à la »übe dich in Zurückhaltung« einzunehmen. Sie stellt vielmehr den inhärenten Zweck des Menschen in der Vollendung seines Seins bzw. seiner Entfaltung zum Vollkommenen dar.

Das Mesotes-Ideal erntete natürlich Kritik, weil es die Frage provozierte, wieso das Individuum nicht danach streben sollte, immer besser zu werden. Warum nicht noch tugendhafter agieren und weshalb steht die Tugend als Extrem gegen die Nichttugend, statt die Mitte einzunehmen? Aristoteles sah das Problem, das er durch die Wesensverankerung umgehen wollte: Mesotes ist das menschliche Maß, Punkt, aus. Gerade seine Beispiele sind es schließlich, die seine Idee der Mitte so überzeugend machen – und als Stützen der Tugendlehre bis heute fortdauern. Die Mitte gedeiht in Aristoteles' Schriften zum Wert an sich. Natürlich ist es unfair, den Philosophen allein dafür verantwortlich zu machen. Er systematisierte die virulente Idee von Maß und Mitte nur bis ins Extrem und wurde besonders breit rezipiert und diskutiert. Aristoteles' Philosophie ist daher eine wichtige Quelle für die Orientierung in und an der Mitte.

Weltall, Erde, Mensch: Vom Hier und Jetzt

Das All erhält im Haus eine Mitte, von der aus die Erde erschlossen werden kann.[29]

Das Ausloten der Mitte, so viel kann bisher festgehalten werden, schafft Ordnung und Orientierung. Wie sie als ein Zuordnungsprinzip fungiert, wird später zu sehen sein, wenn die gesellschaftliche Dimension ins Zentrum rückt. Zunächst soll in den Blick genommen werden, wie zwei grundlegende Kategorien unsere Erfahrung, nämlich Zeit und Raum, sich am Mittebild ausrichteten. Raum und Zeit sind Formen unserer Anschauung, sie sind für unsere Wahrnehmung so unerlässlich, dass sie uns naturgegeben und unverformt erscheinen. Dass wiederum die Mitte bei der Gliederung dieser beiden Größen mitwirkt, ist ein wesentlicher Verstärker für die Mittemotivik insgesamt. Da sie hier als selbstverständlich wahrgenommen und nicht hinterfragt wurde, bot sie sich als Muster für andere Gebiete an und wurde arglos auf sie übertragen. Damit gewann das Motiv der Mitte ein ordentliches Pfund Plausibilität und es wurde zur Ordnungsstifterin schlechthin.

Dreisprung: Aufgespannt in der Zeit

Ich lebe mein Leben in wachsenden Ringen, / die sich über die Dinge ziehn.[30]

Das Jetzt bildet die Mitte zwischen gestern und heute und damit auch die Grundlage unserer Zeiterfahrung. Davon war nicht nur Aristoteles überzeugt, der für seine Zeitanalyse wieder das Mitteprinzip anwendete: Zwischen Vergangenheit und Zukunft residiert die Gegenwart. Dort, wo wir anwesend sind, treffen sich Vergangenheit und Zukunft, also das Endende und das Beginnende. Das scheint logisch, stiftet aber nur als analytisch-abstraktes Schema jenseits der Alltagserfahrung Sinn. Dort erfahren wir uns nicht als aufgespannt in der Zeit, erleben den Moment beziehungsweise einen Fluss von ineinander übergehenden Momenten. Diese Aufgespanntheit in gestern, heute, morgen sieht elegant aus, war aber nicht in allen menschlichen Gesellschaften die Normalvorstellung. Denn Zeit war mit verschiedenen Erwartungen verbunden und was uns als natürliche Erfahrung erscheint, unterliegt in Wahrheit kultureller Beeinflussung. Das kann sogar innerhalb von Gesellschaften variieren. In der frühmodernen europäischen Gesellschaft etwa waren die unteren Schichten direkt an die Gegenwart gebunden. Sie kämpften ums tägliche Überleben, hatten weder Chance noch Mittel, große Pläne für Kommendes zu schmieden. Der Adel wiederum schöpfte vor allem aus seinem Besitz und Prestige, lebte also aus und von der Vergangenheit, von früher versammeltem Vermögen und dem Erbe. Die mittleren Schichten, unterstellt man die simple soziale Stratifizierung einmal hypothetisch, wie ein Großteil der Geschichtswissenschaft es tut, waren auf die Zukunft ausgerichtet. Von Aufstiegshoffnungen motiviert entwarfen sie ihre Karrieren und erwarteten ein besseres Morgen oder Übermorgen. Natürlich war das Versprechen für viele nicht einzulösen, aber es hielt die Gesellschaft und ihre »Mitte« zusammen.

Gewiss, es ist hochspekulativ, sich über wechselndes Zeitbewusstsein in der Geschichte auszulassen. Zumal nur jenes einer ganzen Gesellschaft und Kultur fassbar ist – wenn überhaupt –, aber wenig bis gar nichts über das Zeitempfinden des Einzelnen, also das subjektive Erleben. Für unser Unterfangen reicht festzustellen, dass und wie früh die Mitte innerhalb der Zeiteinteilung aktiviert wurde. So entdecken hier Wissenschaftler das fürs »westliche« Denken typische Viererprinzip – wir kommen noch ausführlicher darauf zurück –, wenn der Tag aus Morgen, Mittag, Nachmittag und Abend/Nacht besteht. Die Sonne beherrschte das Tagesgeschehen und ihre spektakulären Aufgänge und Untergänge drängten sich vermutlich als Marker zur Tageseinteilung auf, genauso wie die zwei Sonnenwenden als Markierungen im Jahreskreis fungierten. Natürlich musste man das Jahr erst einmal als kreisförmig konstruieren, was keine kleine Denkleistung ist. Bereits die Megalithbauten dienten einer solchen Beschäftigung mit der Zeit und waren auf bestimmte Zeitpunkte ausgerichtet. Das 5.000 Jahre alte Ganggrab im irischen Newgrange flutet zur Wintersonnenwende das erste Morgenlicht. Ob dem Lichtfinger, der dann die Steinkammer entlang kriecht, damals kalendarische oder kultische Funktion beigemessen wurde, ist ungewiss; die Zeitausrichtung aber ist deutlich. Auf der noch etwas älteren Himmelsscheibe von Nebra – dass sie auf dem Mittelberg gefunden wurde, sei als Kalauer erwähnt – deuten zwei Horizontbögen die Funktion als Zeitmesser an. Mit ihnen war der Eintritt der Jahreszeiten bestimmbar.

Die Zeitvorstellung früher Kulturen interpretieren Historiker als die einer fließenden Bewegung. Dem damaligen Bewusstsein zufolge glich das Leben einem Treiben im Strom. Dieser Fluss kann wie im frühen Judentum linear auf eine Endzeiterlösung in der Zukunft zulaufen oder wie bei den Hellenen als rhythmischer, harmonischer Zyklus in ewiger Wiederholung kreisen. Eine Mitte in der Zeit trat dann im Frühchristentum ins kulturelle Bewusstsein. Ausdrücklich wurden Anfang und Ende als unmittelbarer Erfahrungshorizont wahrgenommen, Schöpfung und himmlisches Reich waren nicht weit weg, hatte sich doch auch die Menschwerdung Gottes erst zeitnah ereignet. Statt auf ein Irgendwann zu hoffen, verspürten sie eine Nahtod-Erfahrung und die Unmittelbarkeit Gottes. Mit Jesus' Auferstehung hatte die Zeit ihre Mitte bereits erreicht und für die gläubigen Christen war das Zeitenende mit Gewissheit absehbar. Das Individuum war in die Zusammenhänge eingebunden. Ein enger, durch das drohende Gottesgericht abgeschlossener Zeithorizont half, das zu verinnerlichen. Christus stand im, ja: bedeutete das Zentrum der Geschichte. Dieses Grundgefühl, über einen festen Ort der Geborgenheit zu verfügen, hielt sich bis ins Mittelalter.

In der Renaissance keimte ein neues Zeitbewusstsein, wurde das eigene Leben, die eigene Mitte, zum Bezugspunkt. »Man entdeckte das Recht auf die eigene Gegenwart in einem umfassenden Sinn gegenüber Traditionen, die aus Ehrfurcht vor der magischen Größe Vergangenheit oder vor zeitlosen Wahrheiten und Dogmen respektiert und als notwendige Eingrenzung empfunden worden waren.« Das schreibt Rudolf Wendorff in seinem Klassiker »Zeit und Kultur«. Man fand sich in der Gegenwart verankert und konnte von hier aus in die Zukunft spähen. »Gegenwart war nicht so sehr ein bestimmter Abschnitt in einem chronologischen System, sondern vielmehr ein subjektiv unmittelbar empfundenes Zentrum.« Damit änderte sich auch das Selbstbild des Menschen, so der Historiker: »Sein Leben war Selbstzweck, war Mitte.«[31] Dieser Perspektivwechsel schlug sich architektonisch nieder, etwa in der Bedeutungszunahme von Sichtachsen und Panoramablick sowie den mechanischen Welttheatern. Der in der Mitte der Welt situierte Mensch erfuhr sie als *theatrum mundi*, als Weltbühne, auf der er alles im Rundumblick erfasste. Noch war er eingebettet in Welt und Zeitlauf. Man fühlte sich in der Mitte, diese wurde aber nicht besonders bewertet, im Gegenteil. Die Zukunft wurde als begrenzt, nicht offen aufgefasst, weshalb die Erwartung eines vorbestimmten Endes die Gegenwart überschattete. Das Weltenende, das Kommen des himmlischen Jerusalems etc. standen mittel- oder unmittelbar bevor, weshalb die Menschen nicht im gegenwärtigen Augenblick verweilen wollten. Zugleich stand die Vergangenheit monumental da: Seit der Schöpfung lief laut christlicher Vorstellung die Zeit als Verfallsgeschichte ab. Auf den Sündenfall folgte der Rauswurf aus dem Paradies, fortan musste der Mensch im Schweiße seines Angesichts arbeiten, bis endlich Jesus wiederkehrt.

Das änderte sich im 17. Jahrhundert, in dem es laut Achim Landwehr zur »Geburt der Gegenwart« kam: Ein festes Bewusstsein von Gegenwart entwickelte sich, das bis heute wirkt. Das neue Zeitbewusstsein liest der Historiker zum Beispiel aus Kalendern heraus, die ein Massenkommunikationsmittel der Frühen Neuzeit waren. Mit Informationen in Hülle und Fülle gespickt, enthielten sie Wettervorhersagen und Bauernregeln, astrologische Vorhersagen und die Daten religiöser Feiertage. Eigene Notizen hinzuzufügen, war nicht vorgesehen. Nun, im späten 17. Jahrhundert, wurden die Kalenderseiten leer und gaben Platz für individuelle Planungen und Zukunftsentwürfe. In dem Weißraum konnte der Kalendernutzer seine eigene Zeitorientierung notieren. Geschichte und Vergangenheit traten in ihrer Dominanz zurück, man erfuhr die Gegenwart als Möglichkeitsmoment und das Bewusstsein öffnete sich für das Jetzt. Dafür waren eine Vielzahl von Prozessen und Momenten verantwortlich. Die Veränderungen der Kalendergestaltung und das Aufkommen von Zeitungen sind nur Anzeichen davon, dass sich der Moment herausschälte: »An die Stelle von in sich abgeschlossenen Zeiträumen namens ›die Vergangenheit‹ und ›die Zukunft‹ tritt nun die *Unterscheidung* zwischen Vergangenheit und Zukunft – und zwar als Gegenüberstellung zweier Seiten ohne zugrundeliegende Stabilität. […] Die Gegenwart ist der Unterschied zwischen Vergangenheit und Zukunft.«[32] Sie bekam einen eigenen Wert. Von hier aus machte man Zukunftspläne, man wurde nicht mehr vom dräuenden Kommenden erstickt, sondern fühlte eine Freiheit im Entwerfen. Die Vergangenheit verlor ihre Vorbildfunktion. Plötzlich diskutierte man, ob nicht die eigene Zeit kultivierter war als die Antike, die seit der Renaissance einen festen Bezugspunkt darstellte. Die historische Quellenkritik wurde entwickelt – die Vergangenheit sprach nicht mehr unmittelbar zur Gegenwart. Das berührte auch den Status und die Ordnung des Wissens, weil bisherige überlieferte Einheitserklärungen in

Frage gestellt wurden. »Die Lösung des Problems wurde auf die Beobachterposition übertragen, zum Beispiel wenn Descartes das Erkenntnisproblem in das Individuum hineinverlagert […] oder wenn die Gegenwart zum Differenzpunkt der Zeiten aufsteigt.«[⊠] Mit diesem veränderten Zeitgefühl bildete sich folglich auch ein neuer, moderner Subjekttypus heraus, auf den am Ende des Buches zurückzukommen sein wird: das wie ein Leuchtturm in der Mitte seiner Welt stehende souveräne (männliche) Subjekt.

Gesichtsfeld: Raumkonstruktionen

Nicht wie *die Welt ist, ist das Mystische,*
sondern daß *sie ist.*[34]

Der Mensch sieht sich von seiner Umwelt umgeben, empfindet sich als in der Welt befindlich, weshalb die Behältermetaphorik wuchert, wenn wir vom Raum sprechen. Der Container drängt sich als Beschreibung unserer Umwelterfahrung geradezu auf und natürlich wähnen wir uns darin in der Mitte, nicht am Rand. So konnte sich der Philosoph René Descartes die Welt als ausgedehnte Sache vorstellen, in der Objekte herumliegen. Warum sonst sprechen wir von Input und geben etwas in einen Computer ein, wenn wir programmieren oder einen Suchbefehl erteilen? Der Raum ist eine essentielle Wahrnehmungskategorie und wir sind es gewohnt, ihn von unserer individuellen Warte aus zu sehen und zu denken. Die Menschen der »westlichen« Gesellschaft sind wortwörtlich egozentrische Wesen, wenn sie mit Richtungsangaben operieren, die vom Subjekt ausgehen. Rechts und links, vorn und hinten werden von der Position jener Person aus bestimmt, die sie angibt. Sie steht im Mittelpunkt – man denke an eine Kompassrose, die nicht eingenordet ist – und die Positionen der Dinge im Raum werden relativ zu ihr verortet. Dreht sich die Person um, sind rechts und links vertauscht. Allerdings ist diese Art der Orientierung nicht zwangsläufig. Das zeigen Kulturen, die andere Richtungsangaben verwenden, und dass der Mensch diese Art der Orientierung kultivieren und sich aneignen musste.

Evolutionär angelegt ist die Links-rechts-Orientierung nicht, erst später in der Menschheitsgeschichte wurde die subjektzentrierte Rechts-links-Unterscheidung zur Konvention, wie Kognitionspsychologen herausfanden. Darum fällt es Menschen auch heute teilweise schwer, rechts und links auseinanderzuhalten. Menschen früher und anderer Kulturen orientierten sich an ihrer Umgebung, nahmen dort befindliche markante Punkte und nicht den eigenen Körper und ihr Gesichtsfeld zum Ausgangspunkt. Das Phänomen ist Ethnologen und Sprachwissenschaftlern gut bekannt. Rund 30 Sprachen der Welt operieren mit Äußerungen wie »Der Löffel liegt westlich von der Schüssel«, »Da ist eine Fliege auf deinem südlichen Arm« oder »Rück mal ein bisschen nach Osten«.[35] »Die meisten Sprachen dieser Welt kennen beispielsweise keine Begriffe für links und rechts«, schreibt Ethnologe Jürg Wassmann. »Sprecher nicht-indogermanischer Sprachen sehen den Menschen oft nicht im Zentrum stehend, sondern als Teil der Umwelt an.«[36] Angehörige dieser Sprechergruppen haben so etwas wie eine mentale Landkarte, die sie im Kopf ablaufen, während sie sich im Raum bewegen. Studien zufolge verschafft ihnen das einen überlegenen Orientierungssinn. So wussten sie noch nach stundenlangen Wanderungen durch den Wald, wo das Auto des Forschers parkte, der selbst völlig verloren war. Sie verfahren *allozentrisch* (griechisch für »fremd«), bestimmen die Lage von Gegenständen im Verhältnis zur Umgebung, während die Rechts-links-Unterscheidung egozentrisch ist, also den eigenen Körper zum Bezugspunkt nimmt. Dieses Vorgehen ist für uns so selbstverständlich, dass wir uns das anders gar nicht vorstellen können. Wir befinden uns sozusagen im Mittelpunkt dieses Orientierungskreuzes beziehungsweise bilden dieses. »Stellen Sie sich folgende Szene vor«, erklärt der Ethnologe Wassmann an einem Beispiel: »Sie stehen vor einem Tisch, auf dem ein Pfeil liegt, der nach links zeigt. Sie werden nun dazu aufgefordert, sich um 180 Grad zu drehen. Jetzt stehen Sie vor einem zweiten Tisch, auf dem zwei Pfeile liegen: Einer zeigt nach links, der andere nach rechts. Ihre Aufgabe ist es nun, auf jenen Pfeil zu zeigen, der ›ebenso‹ liegt, wie derjenige auf dem ersten Tisch. Ohne Zweifel würden Sie auf den linken Pfeil zeigen, denn Sie orientieren sich egozentrisch, haben also ihr ›links‹ mit dem eigenen Körper um 180 Grad mitgedreht. Ein Balinese aber, eine Tzeltal aus Mexiko, ein Inder aus Kerala, eine Yupno aus Papua Neuguinea, ein Inselbewohner der Südsee oder ein Guugu Yimidhirr aus Australien würde auf den rechten Pfeil zeigen.«[37]

Lange Zeit wurde die Links-rechts-Orientierung als universal und naturgegeben angenommen. Evolutionäre Entwicklung und Zufall passen nicht zum Menschenbild als Krone der Schöpfung. Entsprechend sahen Aufklärer wie Immanuel Kant Kulturen, die davon abwichen, als intellektuell unterlegen an. Die Form egozentrischer Orientierung kam aber erst in den europäischen Städten auf, wo zwischen dem Mauergewirr kein offener Blick mehr möglich war und Landmarken in der Ferne fehlten. Der eigene Körper wurde zur Referenz. Diese sachdienliche Änderung muss als Kulturleistung individuelle erlernt werden, wie Experimente mit Menschenaffen und jungen Kindern zeigen. Beide Gruppen agieren allozentrisch. Kinder müssen sich rechts und links antrainieren, erst mit sechs Jahren meistern sie die Unterscheidung. Bis zu 30 Prozent aller Menschen haben manchmal Orientierungsprobleme mit dem Links-rechts-Prinzip. Das kann im Alltag witzig sein, aber auch gravierende Auswirkungen haben. So kommt es immer wieder vor, dass im OP-Saal auf der falschen Körperseite operiert wird. Nehmen wir diese Rechts-links-Schwäche im Folgenden als Warnung, Mittepositionen nie als einfach naturgegeben hinzunehmen.

Kosmoskosmetik: Eine exzentrische Kränkung

Der Mensch glaubte zuerst in den Anfängen seiner Forschung, daß sich sein Wohnsitz, die Erde, ruhend im Mittelpunkte des Weltalls befinde, während Sonne, Mond und Planeten sich in kreisförmigen Bahnen um die Erde bewegten. [...] Die zentrale Stellung der Erde war ihm aber eine Gewähr für ihre herrschende Rolle im Weltall und schien in guter Übereinstimmung mit seiner Neigung, sich als Herr dieser Welt zu fühlen.[38]

Drei Kränkungen hat die Menschheit erfahren müssen, stellte Sigmund Freud fest. Unbescheiden inszenierte sich der Begründer der Psychoanalyse als Vollstrecker der finalen dritten Kränkung. Die erste, die kosmologische Kränkung, rief die kopernikanische Wende hervor, die die Erde und Menschen aus dem Zentrum des Universums verbannte. Die zweite, die biologische Kränkung, traf mit Darwins Erkenntnis ein, dass der Mensch ein Tier unter vielen ist und vom Affen abstammt. Freud nun meinte, mit der Entdeckung des Unbewussten die dritte Kränkung verursacht zu haben: Viele Aspekte unseres Tuns entziehen sich der Ebene bewusster Entscheidungen und das Ich ist kein souveräner Herrscher seiner selbst. Ob diese Demütigungen wirklich nachhaltig wirkten und zu exzentrischer Scham führten, sei dahingestellt. Immerhin ist es von großer Ironie, dass Freud beim Formulieren seiner Kränkungsthese selbst dem Mittemythos aufsaß. Denn zwar wähnten sich die Menschen lange Zeit tatsächlich im Zentrum sitzend, während sich über ihnen das Universum wölbte. Eine Vorrangstellung leiteten sie aus dieser Position jedoch nicht ab.

Unter den Vorstellungen vom Aufbau des Alls setzte sich in der Spätantike eine Theorie der Sphären durch, die das Mittelalter überdauerte. Das Universum besteht ihr zufolge aus konzentrischen Sphären, für die die Erde das Zentrum bildet. Das ist allerdings kein Ehrenplatz, wie Freud annahm. Vielmehr befand sich das Wertvollste und Würdigste in Form der Fixsternsphäre in der Peripherie, während im Zentrum die niederen, weil sündigen Menschen beheimatet waren. Das widerspricht unserer Vorstellung von Zentrum und Peripherie und es erklärt, warum Freud die Verhältnisse in seiner Rückprojektion umkehrte und die Zentralstellung aufwertete. Die Bedeutung dieses im christlichen Glauben gestützten Zentrum-Peripherie-Bezugs verdeutlicht eine Überlieferung aus dem 12. Jahrhundert, die ihrerseits die Mitte besonders betont. Die Welt wird hier als Stadt dargestellt, in deren Zentrum der Königspalast steht. Er symbolisiert den feurigen Himmel. Die Stadtviertel ringsum werden von Sternen und kosmischen Geisteswesen bevölkert. Der Mensch lebt vor den Stadttoren, außerhalb am Rand. Der sonst auch hier grassierende Mittemythos betraf die Position, aber nicht die Bedeutung des Menschen im Universum, wie der spätantike Philosoph Macrobius bezeugt: »In einer Sphäre steht nur von dem, was in der Mitte liegt, fest, daß es unten ist.« Die Erde verortete auch Plinius der Ältere unten: »Im Weltall ist die Erde die niedrigste, folglich die zentralste.«[39]

Das wird verständlich beim genauen Blick auf das geozentrische Modell. Die uns Raum gebende Erde steht im Zentrum, was Unterordnung bedeutete. Denn in einer Kugel ist der Mittelpunkt von allen Richtungen aus gesehen der unterste Punkt. »Tatsächlich sollten wir an diesen untersten Platz nicht nur gehören, sondern eben dort auch wissen, was sich für uns gehört, nämlich uns in den Bewegungen unserer Seele nach denen der höhergestellten Himmelssphären zu richten.«[40] Folglich stellte die an Kopernikus festgemachte Diskussion keine Kränkung dar, sondern nur eine kosmologische Positionskorrektur. Dass sich damit die Erde nun auf der gleichen Stufe mit allen anderen Himmelserscheinungen befand, führte hingegen zu Debatten. Gebührte ihr dieser Platz überhaupt, immerhin tut sich hier die Hölle auf?

An diesem Beispiel wird klar, dass Raumverhältnisse nicht rein topografisch, astronomisch oder geografisch bestimmt sind, sondern daran Normen und Werte geknüpft wurden und werden. Schließlich musste der Mensch seine Stellung selbst ausweisen, um seine metaphysische Obdachlosigkeit mit religiöser Vorstellungswelt oder anderem Regelwerk erträglicher zu gestalten. Daher ist das Gros der Weltbilder auf Gleichgewicht und Ausgleich ausgelegt. Sie haben beruhigende und tröstende Funktion, nehmen Ängste oder wecken wenigstens Hoffnungen auf eine paradiesische Welt nach einem miserablen Leben. Daraus resultieren auch harmonische Naturvorstellungen, wonach in Flora und Fauna alles nach Balance strebt. Empedokles beispielsweise, der der Legende nach das Gleichgewicht verlor und in den Ätna stürzte, erfand die Vier-Elemente-Lehre, wonach Wasser, Feuer, Erde und Luft in einem ausgeklügelten gegenseitigen Abhängigkeitsverhältnis stehen, das die Basis von allem darstellt.

Daran sollte sich die Naturphilosophie mehr als 2.000 Jahre lang abarbeiten. Dies wollen wir nicht erschöpfend darstellen, sondern hier nur andeuten, wie der Mensch als Konzentrat und Quintessenz der Natur aufschien. Johann Gottfried Herder nannte ihn den »heilige[n] Mittelpunkt der Erdschöpfung«[41], Blaise Pascal definierte ihn von den Extremen ausgehend als »Mittelding«: »Denn genug, was ist der Mensch in der Natur? Ein Nichts im Vergleich mit dem Unendlichen, ein All im Vergleich mit dem Nichts, ein Mittelding zwischen Beiden. Er ist unendlich fern von den beiden Extremen und sein Wesen ist nicht weniger entfernt vom Nichts, woraus er gezogen ist, als vom Unendlichen, worin er sich verliert.«[42] Nachdem die Erde aus dem Mittelpunkt des Kosmos rückte und ein Planet unter vielen in einem Sonnensystem unter vielen wurde, trat demnach der Mensch ins Zentrum des »abendländischen« Denkens. Wissenschaft und Machbarkeitsfantasien sind zwei Seiten derselben Medaille. Der vernunftbegabte Mensch machte sich die Welt

Untertan und wurde zum Maß der Dinge in einer sonst bedeutungslosen Welt. Der anthropozentrische Blick wurde absolut. Wobei es ein ganz bestimmtes Bild des Menschen ist, das sich durchsetzte. Davon wird am Ende dieses Buches zu lesen sein.

Es ist ein Kreuz: Das Ich als Schnittpunkt

Der Mensch warf das Koordinatennetz von dem Ort aus, an dem er stand, über seine Vorstellung vom Ganzen in der Welt. Dadurch entstanden für ihn ein Weltbild und ein Lebensgefühl, wonach er notwendig im Zentrum dieses Universums stand.[43]

»Sie befinden sich hier!« – Das Kreuz auf einer Landkarte oder auf einer Infotafel im Einkaufskomplex markiert den eigenen Standort. Die simulierte Draufsicht ermöglicht die Orientierung in unübersichtlicher Umgebung. Das »X« markiert den Menschen als Mittelpunkt. Wie auf einer Lichtung steht das Ich im Raum und durchmisst ihn mit Rundumsicht. Die Natur will »nicht nur flüchtig angesehen werden, sieh, welchen Platz sie uns gegeben hat: Genau in ihre Mitte hat sie uns gestellt und uns den freien Blick auf alles gegeben.«[44] Für unsere Weltsicht ist diese Vorstellung so prägend, dass wir sie für alle Kulturen und gar schon die vor über 100.000 Jahren lebenden Menschen als normal annehmen. Jedenfalls unterstellen das Anthropologen, wenn sie über die Icherfahrung der Frühmenschen und ihr künstlerisches Schaffen in Stein und Kreuz spekulieren. Warum man damals Kreuze in Objekte ritzte, wird ein Rätsel bleiben. Mir geht es um eine indirekte Beweisführung: Die Unerschütterlichkeit, mit der viele Wissenschaftler das Bild vom Subjekt in der Mitte auch für die Vorzeit als gültig erachten, ist aufschlussreich. Für Skepsis bzw. Selbstreflexion, hier nur die eigene Erfahrung anachronistisch auf die Höhlenwände zu projizieren, ist da kein Platz. Allein man kann nur vermuten, für welchen Zweck die ersten künstlichen Objekte geschaffen wurden. Das waren faustgroße Steinkugeln, von denen Wissenschaftler annehmen, die Grunderfahrung des Seins in der Welt auszudrücken. Die Menschen wollten sich sozusagen ein Objekt zum Begriff machen, um ihre Situation zu begreifen. Der Mensch konnte, so die Interpretation, auf die Kugel in seiner Hand wie eine objektivierte Erfahrung schauen und spiegeln, wie er sich selbst in der Welt wiederfand. Jene die Menschen umgebenden Höhlenwände doppelten wie eine Hülle diese Struktur. Vielleicht war es auch ganz anders, jedenfalls tauchten in diesem Kontext Kreuzsymbole auf, in denen Wissenschaftler Mittemarkierungen erkennen. Eine der ältesten Ritzzeichnungen überhaupt besteht aus zwei Schrägkreuzen. Sie befindet sich auf einem rund 200.000 Jahre alten Kieferknochen eines Wildpferdes, der in Baden-Württemberg gefunden wurde. Viele solcher Schrägkreuze zieren auch Höhlenwände. Archäologinnen und Archäologen wie Marie König deuten sie als Weltachsen: »Es war ein schöpferischer Einfall, der die für alle Zeiten bindende Grundstruktur der geordneten, kultivierten Welt finden ließ. […] Dieses Schema brachte eine ganz besonders wichtige Erkenntnis; die Welt erhielt einen Mittelpunkt. Es war der Schnittpunkt der beiden Weltachsen.«[45] Eine Linie stellt folglich die Ost-West-Achse dar, auf der die Sonne sich jeden Tag zu bewegen scheint. Der Ursprung der oder die Inspiration für die zweite Achse bleibt im Dunkeln, womöglich nahm das Achsen-Kreuz die Idee der vier Himmelsrichtungen vorweg.

Neben diesen einfachen Kreuzen verwendeten die Menschen auch mit Diagonalkreuzen versehene Quadratsymbole, die an das Zeichenspiel »Haus vom Nikolaus« erinnern. In einigen davon ist der Mittelpunkt als besondere Vertiefung herausgearbeitet, eventuell weil man seine Bedeutung betonen wollte. Für Archäologin König verkörpern diese Ritzungen das »Strukturbild der Vier«, das am Anfang der

Trennung von Kultur- und Naturwelt stand: Der Mensch erschafft sich mit symbolischen Ordnungen eine von der natürlichen Gegebenheiten – relativ unabhängige – Wirklichkeit.[46] Was das Viererprinzip damals bedeutete, wissen wir nicht. Aber interessanterweise kehrt dieses Muster in vielen späteren Kulturen wieder, wie wir in den Kapiteln über antike Stadtgründungen und das mittelalterliche Weltbild sehen werden. Im Kreuz mag auch das Motiv des Baumes stecken, der in einigen Kulturen ebenfalls die Weltmitte markiert. Von fast universeller Natur ist das ebenso in der Vorzeit aufkommende Radkreuz: ein geviertelter Kreis. Vier Weltgegenden kannten die Sumerer, für die die Welt aus einem Netz von Himmel und Erde bestand. Miteinander verbundene Vierecke sind auf antiken syrischen Münzen geprägt und schmückten auch den Palast von Knossos auf Kreta. Sie waren sicher keine funktionalen Planquadrate, sondern von symbolischer Kraft. In den Himmelsrichtungen und Kardinalwinden, die von den Ecken der Welt auf die Menschen zubrausen, kehren sie wieder. In all diesen Ordnungsschemata zeigt sich ein Bewusstsein des Menschen für das Sein in der Welt, ein konkretes Mensch-Welt-Verhältnis. Der Mensch sieht sich in den Darstellungen mutmaßlich im Zentrum von Welt und Universum. Das darf keinesfalls bereits mit einer Wertung verbunden werden: Es ist trügerisch, von der imaginierten Zentralposition auf einen besonderen Wert zu schließen, wie das Bespiel Sigmund Freud gezeigt hat.

Vom Abbild der symbolischen Ordnung entwickelte sich die Darstellung der Welt peu à peu zu einer funktionalen Karte. Die Zentralperspektive setzte sich ab dem 14. Jahrhundert durch: Von einem Standpunkt aus entwarfen die Maler mit Fluchtlinien ihre Konstruktionen, um den sich dreidimensional ausdehnenden Raum zweidimensional festzuhalten. Zugleich gewann das Projekt Kartographie der Welt einen größeren Maßstab. Aus Gottessicht, von oben aus, wurde die Erde dargestellt. Selbstverständlich stellte man sich den eigenen Lebensmittelpunkt, also Europa, als das Zentrum der Welt vor und setzte das entsprechend kartographisch um. Diese Zentrallage forcierte Machtbegehren, wie Klaus Theweleit im ihm eigenen schnoddrigen Ton formuliert: »Das liegt in der Verfügungsgewalt des segmentierenden Fernrohrmenschen aus dem Herzen der Welt, aus ihrem *Mittelpunkt*, in den die Kartographen gern das Kern-Europa setzen, wohl wissend, daß die Kugelform der Erde ein solches ›Zentrum‹ eigentlich ausschließt. Das Zentrum darf umspringen mit ›dem Rest‹ der Kugel.«[47] Mit der Darstellung verband sich ein Herrschaftsanspruch. Es galt, nicht nur die »Ränder« der Welt zu erkunden, sondern auch zu kolonisieren. Wenn Kartenersteller Martin Waldseemüller 1507 Europa mittig derart darstellte, dass Asien und Amerika wie zwei daran angewachsene Flügel wirken, beinhaltete das eine politische Aussage: Maximilian I., dem die Karte gewidmet ist, hatte den Doppeladler im Wappen. Die Kartografie dokumentiert nicht bloß, sondern schreibt Verfügungsgewalt fest, indem sie Mächte positioniert. Noch einmal Theweleit: »Der *Kopf* dieser Menschen *wird zu einer Kugel mit Koordinaten-Besatz.*«[48]

Nabelschau: Zentrum und Peripherie

Jerusalem ist der Nabel der Welt, die königliche Stadt, in der Mitte des Erdkreises gelegen.[49]

Christus breitet die Arme aus und schließt die Welt ein. Sein Kopf überragt das Erdenrund, die Füße treten unter ihr hervor. Das heilige Jerusalem bildet seinen Bauchnabel. Der Osten mit dem Paradies befindet sich oben, links unten liegt Europa, rechts unten Afrika. Verbindet man Christus' Kopf und Füße sowie beide Hände mit Linien, ergibt das ein Kreuz – dessen Mitte mit der Position Jerusalems identisch ist. So stellt die berühmte Ebstorfer Weltkarte aus dem frühen 13. Jahrhundert die Erde dar. Die detailreiche Zeichnung zeigt die heilgeschichtliche Orientierung der mittelalterlichen Kartenkunde. Noch Ende des 16. Jahrhunderts gibt Heinrich Bünting die Welt als dreiblättriges Kleeblatt wieder: Jedes Blatt symbolisiert einen Kontinent, Jerusalem in der Mitte hält sie zusammen. Wie die Bullringe einer Dartscheibe steckt diesen Vorstellungen zufolge die Heilige Stadt das Zentrum ab, um welches sich die bekannte Welt entfaltet. Laut Bibel hat Gott die Stadt »zum Mittelpunkt aller Länder gemacht«, die Karten orientieren sich daran. Lange Zeit galt sie als Mitte der – christlichen – Welt. Bis heute wird im griechischen Teil der Grabeskirche ein »Nabel der Welt« gezeigt: Eine Halbkugel aus Mamor ziert diese direkt unter der Vierungskuppel liegende Stelle. Der viergeteilte Kreis (+) war sogar als Signatur für Jerusalem in Karten gebräuchlich. Viele mittelalterliche Städte nahmen auf diesen idealen Ort Bezug und spielten allegorisch auf Ähnlichkeiten an: In Köln ließ man beispielsweise die gleiche Zahl an Stadtmauern bauen, obwohl man keine zwölf brauchte.

Jerusalem ist der Nabel der Welt, bekräftigte Papst Urban im Jahr 1095 den Versammelten in Clermont, als er sie zur Teilnahme am Ersten Kreuzzug aufforderte. Man müsse den Ort, an dem Gott den ersten Menschen formte, von den Heiden zurückerobern. So wurden das seit der Spätantike bestehende Jerusalembild vom heiligen Herz der Welt und sein Magnetismus ab dem 12. Jahrhundert noch verstärkt. Es ist eine erstaunliche Skurrilität, dass Europa ein Zentrum hatte, das jenseits seiner Verfügbarkeit war, dass sein religiöser Mittelpunkt außerhalb seines Territoriums lag. Über mehrere Jahrhunderte bestand dieser Jerusalembezug und ging erst in der Frühen Neuzeit verloren, als sich mit der Reformation die geistig-spirituellen und im Nahen Osten die politischen Verhältnisse änderten. Einige Interpreten sehen in dieser besonderen Projektion der Weltmitte, dem exzentrischen Charakter dieses Zentrums, einen Grund für das europäische Expansionswesen der Moderne.

Körperbilder dienten wie Raummetaphern immer auch als politische Argumente, weil sie intuitiv überzeugen. Eines davon, der Bauchnabel, besitzt hohe Symbolkraft, weil er die Leibesmitte markiert – man denke an Leonardo da Vincis »Vitruvianische Figur«, seine menschliche Quadratur des Kreises. Zentrum des Kreises wie der Figur ist der Nabel, wobei sich die Grafik am Architekten Vitruv orientiert. Dessen Erörterungen zum Ebenmaß des Menschen erklärten den Nabel zum Körpermittelpunkt. Aufgrund seiner Mittelstellung ist der Nabel ein menschheitsgeschichtlich frühes Symbol, seine Verbindung mit der Geburt, der Lebensfähigkeit und Fruchtbarkeit erhöhen die Bedeutung. Es gibt eine ansehnliche Sammlung von Nabelschnur-Ritualen und -Analogien, etwa die Stiele von Früchten. Kurzum: Der Nabel ist ein verbreitetes Motiv, das zuerst fasslich in Homers »Odyssee« ist, der zufolge die Insel der Nymphe Kalypso am »Nabel des Meeres« liegt. Perser, Araber, Phönizier hatten ihre Nabel. In der griechischen Antike galt Delphi mit dem berühmten Orakel als Nabel der Welt. Zeus soll von den Enden der Welt im Osten wie Westen zwei Adler entsandt haben: Wo sie sich trafen, setzten sie sich auf einem Stein nieder. Das entsprechende phallische Objekt errichtete man in Delphi – als Bestätigung des Mythos und touristische Attraktion.

Das Einteilen in Zentrum und Peripherie erfolgt mit scheinbar geometrischen Beweisführungen. »Zentrum« stammt aus dem Griechischen und bezeichnet die Zirkelspitze, die den Mittelpunkt setzt, bevor der Kreis gezogen wird. Von hier aus sind alle Punkte auf der »Peripherie« genannten Kreislinie gleich weit entfernt. Das übertrug man von der Geometrie aufs reale Leben. Zentrum und Peripherie scheinen schon historisch elementare Kategorien gewesen zu sein, wenn die Bildung der ersten Großreiche aus dieser Differenz heraus erfolgte. Siedlungsumkreise wirkten wie kleine Universen, die sich dann um Regierungszentren vergrößerten. So fungierte die Lage auch zur Selbstbestätigung. Der sumerische »Gilgamesch«-Epos beginnt mit dem Bau einer Mauer um die Stadt, an der sich der Unterschied von zivilisiertem Drinnen und wildem Draußen manifestierte. Diese Polarität kann einige Konsequenzen nach sich ziehen, wie sich zum Beispiel im französischen Zentralismus zeigt, wenn sich die anderen Departements schon der Idee nach benachteiligt gegenüber der Île-de-France mit Paris fühlen müssen. Das einstige zufällige Kernland der Franken gedieh über die Jahrhunderte hinweg zur Schaltzentrale der Macht, auf die alle anderen Provinzen ausgerichtet ist. Derzeit plant die Regierung in Indonesien, seine Hauptstadt zu zentrieren und sie als Neugründung am geografischen Mittelpunkt zu errichten. Die Verlegung folgt nicht allein als Notmaßnahme gegen Jarkatas allmähliches Versinken im Ozean, sondern soll auch die dominante javanische Kultur auspendeln, indem eine Million Staatsbedienstete in die bisherige Provinz zieht – und diese zum Zentrum macht.

»Urbi et orbi«: Der Stadt und dem Erdenkreis spendet der Papst an hohen Feiertagen seinen Segen. Rom als geistiges Zentrum der Welt rückt er damit ins Bild, womit der Papst an das antike römische Denken anschließt. Die Stadt der sieben Hügel war der Nabel der Welt, am Forum Roman stellte man einen ähnlichen Stein wie in Delphi auf, um die Zentralstellung Roms anzuzeigen. Dem Gründungsmythos nach legte Romulus an dieser Stelle jene Grube an, in die seine Gefährten Erde aus ihrem Herkunftsland legten. Die Grube nahm der Herrscher zum Mittelpunkt, um den er mit einem Pflug kreisförmig die Stadtgrenze zog. Am Rand des Forums stand der Goldene Meilenstein, an dem die Straßen des Römischen Reichs ihren Anfang nahmen. Deshalb führten nicht nur sprichwörtlich alle Wege nach Rom. Auch der Puerta del Sol in Madrid liegt diese Idee zugrunde: Auf dem Platz befindet sich der Nullkilometerstein, von dem sich die sechs Hauptnationalstraßen sternförmig ins Land ausbreiten und die Mittellage der spanischen Stadt herausstellen.

Midgard nannten nordeuropäische Kulturen ihren – im Mittelteil der Weltesche befindlichen – Lebensraum: Mittelgarten oder Mittelhof. Eingehegt lag dieser in der Mitte der Welt, umgeben von der mit Riesen und Trollen bewohnten Außenwelt (*Utgard*). Mutmaßlich leitet sich diese Vorstellung von der bis zur Moderne üblichen skandinavischen Lebensweise ab, bei der ein eingefriedeter Bauernhof den Alltagsmittelpunkt bildete. So war Midgard insgesamt von vielen Mitten besiedelt. Eine ähnliche Nabelsymbolik strukturierte das alte Mesopotamien. Die horizontale Weltordnung im Ganzen wurde kreisförmig gedacht. Beginnend in der Mitte nahm die Bedeutung der Orte mit ihrer zunehmenden Entfernung vom Zentrum ab. Dieses Muster wurde auf die Regionen bezogen gespiegelt. Die Städte waren Mitten, von denen aus man das lokale Umland regierte. Man sah sie als deren Nabel an, was ebenfalls die aufragenden Tempeltürme symbolisierten. Babylons Tempel galt zusätzlich als die kosmische Achse, die Himmel und Erde zum stabilen Weltgehäuse verbindet. Auch in anderen Kulturen stellte man sich solche Zentrallachsen oder Spindeln vor, die Hinduisten zum Beispiel den umgekehrt wachsenden Ewigen Feigenbaum. Römische Städteanlagen folgen in ihrem Aufbau solcher religiösen Vorstellung, die sich symbolisch in der Orientierung an den zwei sich kreuzenden Hauptachsen wiederholt. Auch hier finden sich Kreuz und Mitte wieder, was das Kapitel über die gebauten Mitten vertiefen wird. Bei der Weltesche der Germanen steckt das Verhältnis schon im Namen *Yggdrasil*: der »alte Maßbaum«[50]. Laut Überlieferung glaubten die Sachsen, die Irminsul-Säule trage den Himmel – bis das Heer Karls des Großen sie zerstörte. Im sächsischen Städtchen Pause glaubt man noch heute, die Mitte der Welt zu sein: Touristen können gegen Entgelt beim Schmieren der »Erdachse« helfen.

Die Idee eines Zentrums ist derart plausibel, dass man sie auf alles Mögliche projiziert. Lange Zeit beschäftigte das Konzept eines Sprachzentrums die Linguistik, weil man sich dezentrale Hirnaktivitäten nicht vorzustellen vermochte. Die Dichotomie von Zentrum und Peripherie ist fast immer mit Wertungen verbunden. Wir unterscheiden zwischen zentralen und peripheren Fragestellungen, also zwischen wichtigen und weniger wichtigen. Menschen, die nicht Teil der Normgesellschaft sind, werden als »Randgruppen« bezeichnet, leben nicht mittendrin, sondern höchstens mit dabei. Oft wertend ist auch die Stadt-Land-Gegenüberstellung gemeint, in der alles, was Nicht-Stadt ist, zur Provinz degradiert wird. Natürlich ist das Bild vom kulturell gebildeteren, dafür versnobthochnäsigen Städter und dem ehrlich-bodenständigen, aber etwas denkfauleren Dorfbewohner bloßes Klischee. Aber es wird politisch bedient. Der damalige Gesundheitsminister Jens Spahn ätzte, in der Berliner Gastronomie werde nur noch Englisch gesprochen. AfD-Wahlerfolge außerhalb von Großstädten werden oberflächlich wegerklärt, auf dem Dorf sei man eben per se patriotischer, statt genauer zu analysieren. Empirische Substanz hat diese Unterscheidung nicht jenseits infrastruktureller Unterschiede – zumal Städte und Dörfer obendrein auch Binnenunterschiede aufweisen. »In der politischen Debatte offenbart sich die kulturkämpferische Stadt-Land-Differenz nicht selten als ein aus anekdotischen Evidenzen zusammengeklöppelter Antagonismus, der gut in die eigene Agenda passt.«[51]

Die Stadt stilisierten konservative Strömungen zum verruchten Ort und verschlingenden Moloch. Solcher billigen Kulturkritik bedienten sich Heimat- und Regionalbewegungen in der völkischen Wende nach 1900 und besonders die nationalsozialistische Bewegung reicherte dieses noch mit rassistischem Denken an. Ähnlich kann man bei den Nazis ab den 1990er-Jahren beobachten, dass sie besonders vom Land aus agieren. Hier gilt ihr besonderes Interesse den Räumen Ostdeutschlands – denen in der Gegenüberstellung zum Westen zusätzlich ein peripher-provinzieller Charakter beigemessen wird.

Orientierungshilfen: Geografische Mitten

Wir setzen unseren Stuhl in die Mitte – das sagt mir ihr Schmunzeln – und ebenso weit weg von sterbenden Fechtern wie von vergnügten Säuen.[52]

»Geographie als Argument«[53] heißt ein sprechender Buchtitel, der enthält, wozu diese Wissenschaft von der Erdoberfläche manchmal herhalten muss. Jenseits der Beschreibung und Untersuchung landschaftlicher Erscheinungen werden Schlüsse für politische Prozesse aus diesen Gegebenheiten gezogen. Das ist nicht überraschend. Raumwahrnehmung ist mit Interpretation verbunden. Wir Menschen sehen Räume selten als neutral an, sondern setzen uns zu ihnen in Beziehung. Wir messen ihnen Werte zu, glauben sogar, diese in den Räumen selbst vorzufinden, statt diese einfach in der Landschaft liegen zu lassen. Raumordnung schafft Sicherheit. Das war an der Beziehung zwischen Zentrum und Peripherie und der Deutung von Orten als Nabel der Welt bereits nachzuvollziehen. Ebenso bedeutungsgebende Wirkung können geografische Mittellagen haben – die man zuvor natürlich erst einmal als solche bestimmen musste. Sinnstiftung ist ohne Konstruktionsleistung nicht zu haben.

Aus einer solchen angenommenen Zentrallage leitete der Geograf Halford J. Mackinder sogar eine Weltformel ab. Mit seiner so genannten Heartland-Theorie reduzierte er Komplexität so weit, bis er zum radikalen geopolitischen Imperativ gelangte: »Wer das Weltherz beherrscht, beherrscht die Welt.«[54] Die Oberfläche der Erde teilte Mackinder in eine aus den Kontinenten Europa, Afrika und Asien bestehende Weltinsel ein, den mittelalterlichen Landkarten nicht unähnlich. Hier herum ordnen sich die küstennäheren Inseln als ein innerer Halbmond, küstenferne Inseln wie Amerika und Australien formen schließlich einen äußeren Halbmond. Das Zentrum dieser Weltinsel, das Herzland, verortete Mackinder zwischen die Flüsse Wolga und Jangtsekiang sowie zwischen das Himalaya-Gebirge und die Arktis. Ungefähr umfasst dieses »Heartland« das Gebiet der früheren Sowjetunion. Mit Analogien statt Argumenten und mit Sprüngen durch die Geschichte versuchte der Geograf Mackinder zu zeigen, dass sich um dieses Herzzentrum schon immer die wesentlichen Konflikte der Menschheit gedreht hätten. Denn die Mittellage sei der Schlüssel zur Weltherrschaft, hier lägen alle wichtigen Rohstoffe, man müsste nach der Besitznahme nur genügend Industrie dort errichten. Das vor gut hundert Jahren formulierte Postulat war wirkungsvoll. Es beeinflusste etwa im Kalten Krieg die US-Strategie, den Kommunismus einzudämmen beziehungsweise ihn nicht weiter ausbreiten zu lassen. Vor einigen Jahren in Deutschland nachgedruckt, erfuhr der Aufsatz in Medien rechter und verschwörungsgläubiger Ausrichtung begeisterte Aufnahme. Denn man kann damit scheinbar plausibel begründen, warum die USA als Aggressor die gesamte NATO dazu drängt, Russland einzukreisen – und kann jede Aktion der russischen Regierung zum Akt der Selbstverteidigung erklären. Das Beeindruckende an der Heartland-Theorie ist nicht ihr Text, denn die holprige Geschichtsstunde stützt sich kaum auf Empirie. Sie operiert vor allem mit visueller Überzeugungskraft. Eine dem Text beigefügte Karte deckt sich so gar nicht mit der uns bekannten Perspektive der Weltkarte, die Europa im Zentrum hat und ebenfalls ideologisch orientiert ist. Die Herzlandkarte ist derart arrangiert, dass Zentralasien in der Mitte liegt und Ostasien, Europa und Afrika wie Blütenblätter davon abstehen. Dass diese konstruierte Zentrallage nichts über Weltpolitik aussagt – geschenkt. Man muss daran glauben. So mag die Heartland-These vor allem als Warnung vor der Macht der Bilder dienen. Bei der weiteren Diskussion der Konsequenzen von Mittellagen konzentrieren wir uns auf Europa.

Egal ob bei Zugehörigkeiten zu einer Heimat oder einem Kollektiv: Beim Gruppieren zu Sippe, Stamm oder Nation formierten sich die Menschen oft um ein Zentrum. Ist die Mitte ein Raum- und Wertzentrum, so werden Räume in Mittellage besonders geschätzt und Argumente aus dieser Situation abgeleitet. Dazu hat man natürliche Mitten identifiziert, also mit mehr oder weniger Aufwand eine Mittellage konstruiert und als in der Landschaft gegeben ausgewiesen; sich folglich an den Rändern abgearbeitet. Dass sich die auf diese Weise projizierte Mittellagen in der Geschichte zusammen mit der räumlichen Verlagerung von Machtbereichen verschoben, verwundert nicht. Jeder Potentat wollte im Zentrum stehen. Beispielhaft verdeutlicht das der nächste Abschnitt an der Mitte Europas: Diese Position schrieb sich Deutschland zu und erblickte darin einen besonderen Auftrag. Das Ringen um eine deutsche Mitte, die Erfindung Mitteldeutschlands und dessen Romantisierung als kulturelle Herzkammer wird dann Thema der darauffolgenden Seiten sein.

Tatsächlich ist solches Aufladen von Topografie mit Bedeutung und Gebot absurd, schließlich hängt es nur von Perspektive und Relation ab. Es ist beliebig, zu welchen Orten man den heimischen Flecken in Beziehung setzt, um ihn zum Zentrum zu machen – und dadurch als herausgehoben und exklusiv zu identifizieren. Wie verführerisch eine solche Position ist, drückte sich im unerschütterlichen Ego einiger Ostberliner während der deutschen Teilung und ihrem herablassenden Blick auf alle »Zonis« aus – die Menschen im Rest der DDR. Das ist nicht frei von Ironie, denn »Zonis« wurde in der BRD für alle Ostdeutschen benutzt. Und Wessi ist eine Erfindung der Westberliner als Bezeichnung der BRD-Bürger.

Zur Lage der Nation: Deutscher Auftrag

Deutschland ist geographisch Europas Mitte.
Deutschland ist der Völker heilig Herz.[55]

Mit eben jenen Worten fusionierte der Schriftsteller Friedrich Lienhard zu Beginn des Ersten Weltkriegs Geografie mit völkischer Identität, die »Deutschlands europäische Sendung« bestimmen würde. Knapp 20 Jahre später definierte Nationalökonom Giselher Wirsing diese Sendung so: »Das deutsche Raumschicksal, Europas Mitte und Herz zu sein, ist der Angelpunkt der politischen Existenz unseres Volkes.«[56] Topografie wurde zum Auftrag, der im Programm der Vernichtung anderer Existenzen und Nationen gipfelte.

Schon bevor es ein deutsches Reich überhaupt gab, herrschte die Vorstellung, dass *die* Deutschen eine topografische Sonderstellung einnahmen. Im aufkeimenden Nationalbewusstsein formte sich die feste Gewissheit, die Mitte Europas zu besetzen, was mitunter zu unfreiwillig komischen Formulierungen führte: Die »deutsche Mitte ist Grenzland und Herz zugleich«.[57] Dieser Lage wurden obendrein Syntheseeffekte für den gesamten Kontinent zugeschrieben: Deutschland versöhne als harmonische Mitte Europas die extremen geografischen wie klimatischen Verhältnisse, die in den anderen Ländern herrschen. Und weil die deutsche Scholle weder besonders fruchtbar noch vom Sonnenlicht verwöhnt sei, habe sie »deutsche Tugenden« wie Fleiß und Arbeitswahn hervorgebracht. Daraus gezogene geopolitische Schlüsse müssen nicht derart nebulös formuliert sein, wie im Absatz zuvor, sondern können direkt ausfallen. »Unsere geografische Lage ist unser historisch-politisches Schicksal«, notiert etwa Otto Hintze: »In der Mitte des Erdteils, umdrängt von Romanen und Slawen [...] sind wir gezwungen, uns eine starke, achtungsgebietende Stellung zu erhalten«.[58]

Diese Verbindung von Landschaft und Wesensmerkmalen ihrer Bewohner war keine Neuschöpfung deutscher Geografen. Seit der Antike war es Usus, von den klimatischen Gegebenheiten auf den Charakter der jeweiligen Siedler zu schließen. Hatte Aristoteles schon griechische Überlegenheit am maßvollen Klima des nordöstlichen Mittelmeerraumes festgemacht, so verschob sich die Überlegenheit-dank-Klima-Idee zunächst nach Rom und dann ganz Italien.

Im Aufklärungszeitalter wanderte sie über die Alpen. Nun galt Frankreich Denkern wie dem Baron de Montesquieu als Kulturzentrale, andere wähnten eine solche im deutschsprachigen Raum. Wie in der Antike teilten sie die Länder in heiße, kalte und gemäßigte Zonen ein, wobei sie neben dem Klima und Wetterperioden auch Gegebenheiten wie Jahreszeiten, Boden und Bewuchs einbezogen in ihre Spekulationen über Talente, Mentalität, Kultur und Geist. Johann Gottfried Herder war einer der prominentesten Vertreter dieses »Klimatheorie« genannten Denkens. Liest man heute seine Ausführungen, klingt das oft krude und unplausibel. Aber die Erkenntnis, dass der Mensch von seiner Umwelt abhängt, ja diese selbst historisch ist und damit veränderbar, war damals neu. Angesichts der heutigen Klimakatastrophe muss sie geradezu zeitgemäß genannt werden. Nur blieb es nicht bei der sachlichen Beobachtung. Die geografischen Zonen wurden miteinander verglichen, bewertet und in einer Rangfolge sortiert, natürlich zugunsten der eigenen Gefilde. Damit ging ein kultureller und politischer Anspruch auf Hegemonie einher: Nur in den mitteleuropäischen, gemäßigten Gebieten komme die menschliche Gattung in all ihren Anlagen zur vollen Blüte, hätten Vernunft und Humanität im »Mittelstrich« (Hegel) ihren Platz. Der spekulative Geschichtsphilosoph Georg Wilhelm Friedrich Hegel erkor Europa – nur echt mit deutscher Mitte – zum ausbalancierenden Gleichgewicht zwischen Asien und Afrika; sowohl topografisch wie mental. In Afrika herrsche das Prinzip Hochland vor, in Asien ein gravierender Gegensatz von Flussgebiet und Hochland, während die europäischen Landschaften beide Prinzipen vermischten und gravierende Gefälle harmonisierten. Sodann prägten diese Naturgegebenheiten auch die Menschen, geistig tumb seien die Bewohner Afrikas, überbordend emotional die Asiaten, in der Mitte lebten die Vernünftigen. Enthalten ist in solchen Vorstellungen bereits die Rechtfertigung für den Kolonialismus, die fantasierte Überlegenheit über alle anderen Menschen in der Welt, deren klimatische Lebensbedingungen sie zu unzivilisierten Barbaren machen. Hier werden Kolonialherrschaft wie der anhaltende Eurozentrismus nicht nur legitimiert, sondern ideell überhaupt erst erfunden.

Ähnlich wie Hegel argumentierten später auch Geografen, grenzten seine Theorie der topografischen Harmonisierung aber auf die deutschsprachigen Gegenden ein. Ihnen zufolge waren hier alle europäischen Naturverhältnisse vorhanden, allerdings nicht in ihren Extremausprägungen. »Ganz Europa findet sich in seinen Landschaften wieder«, heißt es bei den Geografen der 1930er-Jahre über Deutschland. Es sei als »Dreiklang Alpen, Mittelgebirge, Tiefland« »die Symphonie des mitteleuropäischen Länderbildes«: »Wo einer seiner Töne ausklingt, ist Mitteleuropa zu Ende.«[59] Solche Worte fundierten Leitkulturdebatten früherer Zeiten. Maßlos ist der deutsche Überschwang, geht es um die Lage der Nation: »Nabel europäischer Erde«, »von Gott in seine Mitte gesetzt«, raunte der Dichter Ernst Moritz Arndt. Zum »Mittelvolk und Mittlervolk« stilisierte »Turnvater« Jahn das Reich, das selbstverständlich weniger vermitteln denn anführen sollte. Man sei Weltbürger und Patriot, heißt es in einer Schrift, weil die gesamte Menschheit vom deutschen Volk und dessen Schicksal abhinge. »Ein Blick auf die Karte sagt mehr, als es mit Worten geschehen kann. Sind wir nicht in der Mitte des Weltheils gesetzt, als dessen natürliche Mediatoren?«[60]

Doch so klar ist der Blick gar nicht, kommt die Bestimmung der angeblich so offensichtlichen Mittellage ohne Konstruktionsleistungen nicht aus. Wie lassen sich denn solche natürlichen Grenzen bestimmen? Am leichtesten wird noch eine Großformation wie ein Kontinent fassbar, wenn man die Meere drumherum als Grenzen ansieht. Das ist bei den willkürlich gezogenen beziehungsweise sich entwickelnden Nationalgrenzen weniger einfach. Glück hat, wer über einen

Grenzfluss verfügt. Darum variierte das, was man als deutsches Reich oder Vorform dessen verstand, erheblich. Zusätzlich erschwerte diese Bestimmung, dass man deutsches Volkstum aufgrund des Flickenteppichs aus Kleinstherrschaftsgebieten maßgeblich durch die mehr oder minder gemeinsame Sprache bestimmte. Als mögliche Westgrenze waren Rhein und Rhone im Gespräch, auch Venedig, Monaco und Rimini tauchten als Bestandteile der deutsche Küsten auf, zwischen Oder und Weichsel wurden viele Linien als Ostgrenze diskutiert und Dänemark wurde oft inkorporiert. Manche Geografen beklagten, dass es dieses Deutschland geografisch gar nicht gäbe, es sei »Grenze zwischen andern Ländern« oder »ein breiter Mittelpunkt ohne Peripherie«.[61] Diese Schwierigkeiten beziehungsweise der Mangel an klaren natürlichen Grenzen veranlassten wiederum andere Geografen, genau darauf ihre Argumentation zur Handlungsanweisung aufzubauen. Hermann Lautensach etwa erklärte sich Deutschlands schicksalhaftes Scheitern im Ersten Weltkrieg damit, dass natürliche Grenzen im Osten und Westen fehlten. Durch diese »uferlose Zwischenlage« seien die Fronten zu weit gezogen und das Reich damit in die Niederlage getrieben worden.[62] Interessanterweise klingt auch hier das Bild der nichts Gutes bringenden Extreme an. Man leitete aus der fehlenden Mitte auch eine typisch deutsche Mentalität ab, die das Partikulare verehre. Separatisten und Eigenbrötler lehnten ihre Nächsten ab und umarmten lieber die Fremden. Sie feierten, so der Vorwurf, einen Kosmopolitismus, der das Eigene vergisst. Aber auch diese innere Zerrissenheit konnte positiv gewendet werden, verhalfen diese Härten dem deutschen Wesenskern doch zu besonderem Stahl. Beispielsweise imaginierte ein Autor einen »Einigungskampf«: »von einem geographischen Mittelpunkt aus mit Naturgewalt radial bis zur äußersten Machtverdünnungsgrenze«. Das im 19. Jahrhundert aufkommende deutsche Sendungsbewusstsein verstärkte sich seit der Reichsvereinigung 1871 und mit dem Wilhelminismus. An deutscher Bildung und Kultur sollte die Welt eben genesen.

»Seit Beginn der Länderkunde war Deutschland für den Geographen Europas Mitte«, resümiert der Geograf Hans-Dietrich Schultz das damalige Treiben seiner Zunft kritisch, »so wie Europa selbst (und damit implizit auch Deutschland) als die Mitte der Welt galt. Als ›Mitte‹, ›Centrum‹, ›Kern‹ und ›Herz‹ des Kontinents apostrophiert, hielt Deutschland alles zusammen«.[63] Die Sinnsuche in europäischer Mittellage hatte in Krisenzeiten Konjunktur. Das lässt sich für Zeiträume nach der Französischen Revolution 1789 feststellen wie nach der Märzrevolution 1848, nach dem Preußisch-Österreichischen Krieg 1866 wie 1871 bei der Ausrufung des Deutschen Kaiserreichs, nach und zwischen den zwei Weltkriegen. Und nach dem Fall des Eisernen Vorhangs ab 1989, der die Spaltung in Ost- und West-Block ad acta legte, war wiederum Platz für eine deutsche Mitte in Europa und neue Missionen. Die Deutschen waren nun nicht – etwa als »Volk ohne Raum« – gefordert, sondern stellten die »Macht in der Mitte«, wie der Politikwissenschaftler Herfried Münkler formuliert. »Ihr obliegt es, Europa zusammenzuhalten, den immer wieder neu auftretenden Zentrifugalkräften entgegenzuwirken, Interessendivergenzen abzubauen und Ausgleichsprozesse zu moderieren. [… Sie] muss permanente Anstrengungen unternehmen, um den politischen und wirtschaftlichen Raum, dessen Mitte sie ist, in der Balance zu halten und dem Einwandern von Krisen aus der Peripherie entgegenzuwirken.«[64] Erneut wird die Mitte von den Rändern bedroht, nur dass das Kampffeld vor allem eines der Wirtschaft ist, auf dem Deutschland nun seine Position stärken soll. Dass das wie etwa bei der Finanzkrise auf Kosten der anderen EU-Länder geht – Jahre lang verdiente Deutschland an den Zinsen für die Griechenland-Kredite –, verschleiert die Rhetorik des Ausgleichs.

Diese Ausführungen müssen skizzenhaft und exemplarisch bleiben. Zu viele, teilweise divergierende Ideen sind von der konstruierten deutschen Mittellage inspiriert. Deutlich geworden sollte sein, dass diese Naturalisierung der Politik durch die Geografie und die davon abgeleiteten Raumansprüche höchst gefährlich waren und sind. Zumal sie dieser Zugriff auf die Topografie gegen Kritik immunisiert. Scheint die Lage in der Mitte doch auf den ersten Blick ersichtlich. Noch einmal Geograf Schultz: »Das ist das Paradoxon, der Widerspruch der Mitte, daß sie mit Maß und Mäßigung assoziiert ist, ihr kosmopolitischer Anspruch aber leicht in die Gefahr gerät, dieses Maß zu verlieren.«[65]

Ausgezirkelt: Deutschlands Mittelpunkt

Niedersachsen, Thüringen oder Hessen[66]

Nach dem Mauerfall suchte Deutschland nicht nur nach seiner neuen Aufgabe als Zentrum Europas, sondern auch seine eigene Mitte. Die vorwiegend in den 1990ern geführten Diskussionen um diese muten kurios an, wurden aber vehement ausgetragen. Ein Ingenieur aus Dresden bestimmte den thüringischen Ort Niederdorla als das geografische Zentrum, indem er die Extrempunkte des Staatsterritoriums identifizierte und diese mittelte. Zieht man zwischen dem westlichsten Punkt Havert und dem östlichsten Deschka sowie zwischen Mövenberg/Sylt und Einödsbach bei Oberstdorf jeweils eine Linie, dann liegt auf der Kreuzung der beiden eben Niederdorla. Das blieb nicht unwidersprochen. Ein Bonner Wissenschaftler ermittelte den Heiligenstädter Ortsteil Flinsberg als neue Mitte – das ist der Punkt, für den die Summe der Entfernungen zu gleichmäßig verteilten Punkten auf der Staatsgrenze am kleinsten ist. »Dingelstädt-Silberhausen!«, mischte sich ein Dritter in den Streit, der Deutschlands geometrischen Schwerpunkt inklusive maritimer Zwölfmeilenzone ins Eichsfeld verlegte. Landstreit bei Eisenach brachte auch noch jemand ins Gespräch: Das wäre der Gleichgewichtspunkt des gesamten Staatsgebiets ohne Meereszone.

Und tariert man eine beliebig große Fläche von der Form Deutschlands aus, erhält man einen Schwerpunkt, der wiederum bei der Gemeinde Niederdorla liegt, aber knapp fünf Kilometer südwestlich vom geografischen Mittelpunkt. Es gab weitere Bestimmungsversuche, aber letztlich hat Niederdorla nach Punkten gewonnen und bleibt als deutsche Mitte ohnehin der symbolträchtigste Ort. Denn hier gab es eine germanische Opferstätte, die heute, nach Funden nachgebaut, besichtigt werden kann. – Ins Moor, du Opfer!

Dieses Auspendeln der Mitte im Disput geschah vor allem in einer Mischung aus lokalpatriotischem Enthusiasmus und Tourismusmarketing. Mit heiligem Ernst wollte Ludwig Jahn die zukünftige großdeutsche Hauptstadt Teutona exakt in der Mitte errichten: Von den Eckpunkten der »natürlichen« Reichsgrenzen Genf und Memel, Fiume und Kopenhagen, Dünkirchen und Sandomierz zog er Verbindungslinien, deren Schnittpunkt an der mittleren Elbe ungefähr bei Dessau-Roßlau lag. Eine vermittelnde, um den Ausgleich gegen Preußens Dominanz bemühte Botschaft sollte auch das 1879 gegründete Reichsgericht durch seine zentrale Lage aussenden. Als oberste Instanz wurde es geografisch entsprechend im Rechtsraum platziert. Leipzig wurde auserkoren, wo das Gebäude heute als Bundesverwaltungsgericht fungiert. Die Stadt liegt bis heute in der Mitte eines Regionenteppichs, der vor rund hundert Jahren als »Mitteldeutschland« erfunden wurde. Immerhin kann nur hier die Mitte Deutschlands situiert sein.

Kulturelles Herz: Die Erfindung Mitteldeutschlands

Karl May und Nietzsche durften
nicht im Ausland geboren sein.[67]

»Unser Produkt heißt Mitteldeutschland.« Unumwunden wirbt ein Wirtschaftsinteressenverband in der Broschüre

»Mitteldeutschland – zentrale Region in Europa.«[68] Mitteldeutschland sei eine »Überzeugungssache« erklärte 1997 der damalige Ministerpräsident Sachsen-Anhalts und im gleichen Jahr nannte ein Historiker »Sachsens geschichtlichen Auftrag«, Mitteldeutschland zu vereinen.[69] Nimmt man noch Thüringen als »Grünes Herz Deutschlands« hinzu, hat man alle drei Bundesländer zusammen, die nach der politischen Wende zu Mitteldeutschland erklärt wurden. Wie bedenkenlos das erfolgte, ist erstaunlich. Immerhin griff man auf eine vergiftete Tradition zurück, als man das Ländertrio zum Sendegebiet eines Mitteldeutschen Rundfunks (MDR) zusammenfasste. Diese Überlieferung überging man aber mit dem Hinweis, nur eine harmlose Bezeichnung zu verwenden. Dabei kam die Frage nicht auf, warum das Gebiet Mitteldeutschland denn ausgerechnet in Ostdeutschland liegt. Warum eigentlich?

Analog zu der Suche nach und der Aufwertung einer Mitte Europas wurde nach einer deutschen Mitte gefahndet. Verfassungsrechtlich hat es eine solche nie gegeben. Die unzähligen Eingrenzungsversuche variieren gewaltig in Umfang und Grenzen und sogar der Ausrichtung, was die Mittellage betrifft. Mal definierte man einen Riegel zwischen Norddeutschland und Alpen als Mitteldeutschland, mal ist dieses logisch nur verständlich aufgrund der Existenz eines West- und Ostdeutschlands – letzteres liegt im heutigen Polen. Die fixe Idee, ein Mitteldeutschland zu identifizieren, mag auch mit einer teutonisch-topografischen Eigenart zusammenzuhängen: Der Typus Mittelgebirge ist eine rein deutsche Erhabenheit, die in anderen Sprachen keine Entsprechung besitzt und daher als Lehnwort einging. Wieso auch sollte man es bei einer Unterscheidung von Berg und Hügel belassen? Mittelgebirge sind als Erhebungen über 1.500 Meter festgelegt, die die 2.000 Meter nicht überschreiten. Die Alpen ausgenommen, zählen alle deutschen Gebirge zu diesen und man kann sie als irgendwie zusammenhängende Formation interpretieren. Aus diesem Grund orientieren sich viele Lokalisierungsversuche Mitteldeutschlands an den Mittelgebirgen. Dieses konnte dann in der Maximaldefinition sogar von den Ardennen bis zu den Westkarpaten reichen. Die Fixierung auf die Gebirge liegt auch daran, dass sie im 19. Jahrhundert in dem Moment als Kulturlandschaften romantisiert wurden, als das Wandern zum Steckenpferd der Deutschen wurde. In der Vergangenheit war gelegentlich von der Region als Centraldeutschland die Rede, stand das Zentrum-Peripherie-Verhältnis im Vordergrund. Aber auch in dessen Bestimmung waren die Geografen uneins: Manche dachten es als Raute, geformt aus Thüringer Wald und Erzgebirge, Harz und Fläming, anderen galt der Raum zwischen Zeitz, Halle, Leipzig und Bitterfeld als »Herzgrube Mitteldeutschlands«.[70] Übrigens erwächst das grüne Herzen nicht nur in Thüringen – das Etikett erfand um 1900 die Reiseführerliteratur. So heißt auch die italienische Region Umbrien »cuore verde«, »Het groene« ist eine Polderlandschaft in den Niederlanden, »Grünes Herz Österreichs« will die Steiermark, Luxemburg »Grünes Herz Europas« sein. Nicht grundlos fragt Liedermacher Reinald Grebe: »Seit wann sind Herzen grün?«

Auffälligerweise wurde dieses Mitteldeutschland oft zu einer vermittelnden Landschaft zwischen den zwei konfessionellen Blöcken im deutschsprachigen Raum. Es sollte als Pufferzone zwischen dem protestantischen Preußen und dem katholischen Bayern und Österreich fungieren. Später löste diese Idee das grob bis heute erhaltene Nord-Süd-Gefälle ab. Mitteldeutschland schrumpfte auf eine Zone zwischen Westen und Osten zusammen. Dafür erfuhr diese Landschaft zunehmend eine Aufladung als Wertezentrum aller Deutschen mit quasi-religiösen Zügen. Als Wiege des Deutschtums wurde Mitteldeutschland zu seiner heiligen Stätte. Von hier aus regierte mit den Ottonen das erste »deutsche« Kaisergeschlecht, so der Mythos. Dass sich hier vormals die zwei wichtigen Fernhandelsstraßen *Via Regia* und *Via Imperii* kreuzten, bot sich darüber hinaus als historisches Pfund an, die Gegend zum besonderen Wirtschaftsgebiet zu erklären. Dass die kulturelle Mitte im thüringisch-sächsischen Raum angesiedelt wurde, ist mehreren Impulsen geschuldet. Ein wesentlicher kam aus der Literaturgeschichtsschreibung des 19. Jahrhunderts. Sie erklärte zwei Blütezeiten in der deutschen Literatur als wesentlich, für die die Jahreszahlen 1200 und 1800 standen. Minnesänger wie Walter von der Vogelweide und Heinrich von Morungen, symbolisiert im »Sängerwettstreit auf der Wartburg«, und die Weimarer Klassik standen für Sprachkunst und Kultur, die als einigendes Band aller Deutschen galten. Erstmalig ausdrücklich von der »Mitte Deutschlands« sprach der Historiker Heinrich von Treitschke, der sie mit der thüringischen Kleinstaatenwelt gleichsetzte, ebenso Literatur und Landschaft verknüpfte und zusätzlich die Reformation als einflussreichen historischen Aspekt hinzufügte. Der politisch zersplitterte Raum – hier spiegelt sich im Kleinen der Gesamtflickenteppich des Reiches – sei von einer ihn einigenden Kultur getragen. Es existierte folglich eine Nationalkultur, bevor es eine deutsche Nation gab: Für von Treitschke »war die Mitte Deutschlands der warme Herd unserer nationalen Cultur.« Kulturell bedeutend, politisch immer schwach, das zu ändern, wurde zur Herausforderung und bald zum Zeitgeist. In der ihnen attestierten Charakterstärke sollten die Menschen Mitteldeutschlands Vorbild für alle Deutschen sein. Schließlich ist Landschaft kein »Tummelplatz zufällig zusammengewürfelter Einzelner«, wie ein Literaturwissenschaftler versicherte, »sondern Nährboden, als Materielles, als Trägerin eines ganz bestimmten Menschenschlages, von der aus beidem, aus Blut und Erde, das Feinste, das Geistige wie in goldenen Dämpfen aufsteigt.«[71]

Eine wesentliche Spur in der Manifestation Mitteldeutschlands legte der Geograf Albrecht Penck, der 1921 bei einem Auftritt in Leipzig eben diese Stadt an der Pleiße zum wirtschaftlichen Zentrum Mitteldeutschlands erklärte. Sie sei als »Verkehrsknotenpunkt« jüngst dann wichtig geworden, »als der Nordosten Deutschlands dem Deutschtum wiedergewonnen worden war«[72]; von ostfränkisch-deutschen Truppen, die im 10. Jahrhundert Saale und Elbe überschritten. Penck mischte sich damit in den andauernden Streit um das deutsche »Kerngebiet« und damit um den historisch begründeten Herrschaftsanspruch ein. Laut Penck waren die Gebiete rechts beider Flüsse demnach schon einmal germanisch besiedelt, bevor Slawen sie okkupierten. Dieser Schachzug war doppelt praktisch: Mit dem Argument konnte man die Landnahme als Rückeroberung legitimieren und zugleich die in Süddeutschland erhobenen Vorwürfe entkräften, Preußens Territorium sei gar nicht urdeutsch. Mitteldeutschland kam dadurch die Scharnierfunktion zu, als eine Art Wesenskern die verschiedenen deutschen Himmelsrichtungen miteinander zu verbinden. Um seine Mitteldeutschland-Vorstellung zu popularisieren, gründete Penck die Stiftung für deutsche Volks- und Kulturbodenforschung. Damit verankerte er den zuvor schon virulenten Georassismus institutionell. Im Nationalsozialismus entwickelte sich daraus die Blut-und-Boden-Ideologie.

Abseits der Fragen seiner konkreten Definition erwuchs diesem Mitteldeutschland allein aus seiner Lage heraus eine besondere Rolle, paradoxerweise genau deshalb, weil es geografisch nicht exakt feststellbar war. Denn die Geografen im 19. Jahrhundert bewegte eine Sehnsucht nach nationaler Einheit. Wenn das Patchwork des späteren Deutschlands von Dezentrierung geprägt war, sollte die Nation wenigstens metaphysisch hergestellt sein. Hatte man vorm Jahr 1800 von Mitteldeutschland keinen Begriff, bildete sich in Verbindung mit Diskussionen um die Neuorganisation des Territoriums eine Vorstellung heraus, aus der Kleinteiligkeit ein Reich zu schmieden, in welchem Mitteldeutschland seinen Platz hätte. Mitteldeutschland wurde zum homogenen Kulturraum, einem nationalen Wertezentrum, so wie Weimar später als Anknüpfungspunkt erst der Bonner und dann der Berliner Republik diente. Die Klassik mit Goethe und Schiller als Granden, Bach und Händel, Reformation und Völkerschlacht fanden sich zum nationalen Mythos-Knäul verdichtet, zur Raumkonstruktion für die imaginierte Gemeinschaft. Später interpretierte man das Phantasma dieser deutschen Mitte als völkisch-revolutionäres Herz der Nation. Thüringen wurde zum Herzraum, der alle nationalen Krisen überlebte, und zum »Trutzgau« der Nationalsozialisten.

Nach der Befreiung 1945 war es dann wiederum diese kulturelle Mitte, mit der man sich in der Bundesrepublik von aller Schuld rein wusch. Dabei diente »Goethe als Alibi«[73], so der Historiker Jürgen John. Der Dichter verkörperte die zeitlose deutsche Kultur, die die NS-Barbarei unversehrt überdauert hätte. Das galt umso mehr, als man auf die realen Stätten Mitteldeutschlands keinen Zugriff hatte, weil diese nun zur DDR gehörten. Auch der angeblich realsozialistische Staat arbeite weiter am Mythos, verzichtete jedoch auf die Bezeichnung »Mitteldeutschland«, während sie im Westen gebräuchlich blieb als Synonym für die ganze DDR. Auch diese schloss ans Goethe-Erbe an und inszenierte den Reformator aus Wittenberg in den späteren Republikjahren als frühbürgerlichen Revoluzzer, um vom Lutherkult zu profitieren. Nach dem Mauerfall wurde erneut von »Mitteldeutschland« gesprochen, obwohl das die Ausrichtung nach den Himmelsrichtungen nicht zulässt. Die Ostgrenze an Oder und Neiße war immerhin längst anerkannt.

Heute wird mit Missachtung aller historischen Brüche weiter an der Geschichte eines homogenen mitteldeutschen Kulturraums gestrickt, werden lose Fäden zum zusammenhängenden Stoff fabriziert. Was auch immer das literarische Weimar mit Friedrich Nietzsche oder dem Ringheiligtum von Pömmelte zu tun hatte, was die Stifterfiguren im Naumburger Dom mit Meißner Porzellan und dem Raachermannl, dem erzgebirgischen Räuchermännchen, verbindet: Es ist keine »Geschichte Mitteldeutschlands« (MDR) und macht die weiträumige Kreuzung von A4 und A9 nicht zu der zentralen Region Europas. Aber dank des MDR ist Mitteldeutschland gesetzt. Es zu etablieren, war ohnehin nicht so schwierig, weil die vielen aus Westdeutschland zugezogenen Führungskräfte die Bezeichnung entweder schon kannten oder sie ihnen zumindest die Auseinandersetzung mit den Regionen ersparte. Seitdem müht sich die Sendeleitung, »Mitteldeutschland« mit Bewusstsein, Identität, Einheit zu füllen. Inkonsistenzen finden sich weitgehend ausklammernd, während die Selbstverständlichkeit, mit der davon die Rede ist, den Konstruktionscharakter ausblendet. Wie auch die eigene Namensgebung der Rundfunkanstalt nicht thematisiert wird. Sie bezieht sich auf die Mitteldeutsche Rundfunk AG, einen scheinbar unproblematischen Vorgänger. Dort fand allerdings mit dem Ausstrahlungsverbot von Kurt Weills »Berliner Requiem« 1929 die erste Kunstzensur in der deutschen Rundfunkgeschichte statt. Von der Instrumentalisierung des Begriffs in NS-Medien ganz zu schweigen. Da ist die Ehrlichkeit des Lobby-Vereins Aktion Mitteldeutschland e. V. schlagend, wenn er das kritische Buch »Mitteldeutschland. Begriff, Geschichte, Konstrukt« wie folgt wiedergibt: »Mitteldeutschland. Begriff, Konstrukt, historische Realität«.[74] Beschwört der MDR in seinen Tele-Geschichtsstunden die »historische Größe der Landschaft«[75] und nannte sein dazugehöriges Magazin einst ausgerechnet »Barbarossa«, ist das natürlich anschlussfähig für völkische Akteure. Der rechteste Flügel der AfD bediente mit den »Kyffhäusertreffen« den Mythos, AfD-Thüringen-Chef Björn Höcke bezog sich auf die sagenhafte kommende Wiederkehr des rotbärtigen Kaisers: »Die mitteldeutschen Refugien, das sagenumwobene ›Dunkeldeutschland‹ könnte als Überlebenskern unserer Nation eine elementare Bedeutung bekommen«.[76] Die »Mitte« ist auch hier am politisch rechten Rand gelandet.

Fest gemauert in der Erde: Gebaute Mitten

Die ›Neue Mitte Oberhausen‹ [...] ist daher mehr als ein neuartiges Einkaufszentrum. Sie ist eine zukunftsorientierte Weiterentwicklung der bestehenden Stadtstrukturen in der geografischen Mitte zwischen den gewachsenen Ortsteilen[77]

Mitte muss sich manifestieren. »Hohenmeißner, Deutschlands neue Bundeshauptstadt«, musste natürlich in der Mitte Deutschland erwachsen. Der Historiker Ulrich Noack jedenfalls vertrat nach der Kapitulation 1945 die Idee eines neutralen vereinten Deutschlands, dem er eine Vermittlerrolle zwischen dem kapitalistischen und dem sozialistischen Block zuschrieb. Ausdruck dieses Geistes sollte die neue Hauptstadt in der Nähe von Kassel sein, benannt nach dem dortigen Bergmassiv. »Betreten wir nun den Baugrund der neuen Stadt selber, so eröffnet sich uns folgendes Bild: Wir stehen am Westhang des Hohen Meißner«, träumte Noack: »Am Fuße des großen Tafelberges von 750 m Höhe liegt in etwa 300 m Höhe ein leicht terrassiertes Gelände von ungefähr 3 km im Quadrat [...] Hier ist Raum für ein Stadt, die zum Symbol eines erneuerten Lebens und Wollens der ganzen Nation werden soll.« In einem »rhythmisch gegliederten Zusammenhang« sollte Deutschlands Zentrum nicht artifiziell, sondern organisch gewachsen wirken. »Als Stadt der Kultur ist Hohenmeißner zugleich die nationale Mitte aller geistig-seelischen Sammlung.«[78]

Hauptstadt wurde dann Bonn: Der Ort in der Peripherie setzte sich 1949 durch, weil er geeignet war, den provisorischen Charakter abzubilden, den man der BRD als halbdeutschem Rumpfstaat beimaß. Deshalb sprach man bis 1970 auch nicht von der Hauptstadt Bonn, sondern lediglich vom Regierungssitz. Zuvor wurde heftig über die »Hauptstadtfrage« gestritten. Berlin blieb aufgrund des Viermächtestatus unangetastet. Seine Insellage in der DDR war strategisch ungünstig und die Stadt entsprach außerdem nicht den Erwartungen der westlichen und südlichen Regionen nach Repräsentation. Überraschend setzte sich dann Bonn gegen den Favoriten Frankfurt a. M. durch, der durch seine zentrale Lage schon lange als Krönungsort und 1849 als kurzzeitige Stätte der Demokratie den Parlamentssitz für sich beanspruchte. Übrigens hätte das übersichtliche Bonn Aristoteles gefallen, der selbstverständlich auch Stadtstaaten das Mesotes-Prinzip vorschrieb: Sind sie zu klein, können sie sich nicht von anderen unabhängig ernähren und agieren. Eine zu große Polis ist zu unübersichtlich und damit unregierbar. Transparenz und Einsicht sollte dann die Glaskuppel dem Berliner Bundestagsgebäude verleihen. Sie spannt sich über den Plenarsaal. Obwohl die eigentliche Regierungsarbeit dort nicht stattfindet und das Kerngeschäft der Abgeordneten die Ausschussarbeit bildet, hat sich der Plenarsaal als Insigne des Parlamentarismus erhalten. Die Verkörperung als öffentliches »Forum der Nation«[79] scheint unverzichtbar. Und das sollte nicht durch die räumliche Nähe eines Mahnmals befleckt werden, ginge es nach der Jungen Union Berlin. Ihre doppelbödige Verwendung von »Mitte« verließ den Kontext des Städtebaus, als sie 1995 gegen das geplante Holocaust-Mahnmal opponierte: »[A]n so exponierter Stelle in der alten und neuen Mitte Berlins« müsse »eine sinnvollere Benutzung gefunden werden, die den Bedürfnissen und Perspektiven des Herzens der Hauptstadt Rechnung trägt«.[80]

Eine Tempelruine kennzeichnet auf dem Forum Romanum den Nabel der Welt, wo Stadtgründer Romulus die Zirkelspitze für seine Umkreisung mit dem Pflug gesetzt haben soll. Dieser Gründungsakt, von einem Punkt aus eine Stadt nach dem Prinzip von Kreis und Vierung zu entwerfen, wiederholten die Römer an vielen Orten, egal, ob sie nun Städte oder Kastelle errichteten. Rom wurde durch zwei Hauptachsen entlang der Himmelsrichtungen Nord-Süd und West-Ost strukturiert, die sich auf dem Forum am Nabel kreuzten. Deshalb bildete dieser öffentliche Platz das Zentrum des politischen, wirtschaftlichen und religiösen Lebens. Die beiden Hauptachsen versinnbildlichen jene zwei Himmelsachsen, von denen die eine Tages- und Nachthälfte teilt, die andere die Sonnenaufgangs- und Sonnenuntergangshälften. Man muss sich die Landvermessung auch als einen religiösen Akt vorstellen. Sie folgte vermutlich dem Ritual der Beamtenpriester, die von einem erhobenen Punkt aus den Flug der Vögel für Prophezeiungen studierten. Wie diese von der Mauer in die Weite schauend den Götterwillen befragten, überblickte der Landvermesser das Gelände, bevor er das Vermessungsgerät zum Abstecken der rechten Winkel aufstellte. »Das Beobachtungsfeld des Vogelschauers, der ex arce nach den Signa der Götter ausspäht, ist eine bis zum Horizont reichende Vierteilung des Gesichtsfeldes, ein riesiger quadrierter Kreis rings um den Standpunkt des Beobachters.«[81] Das auf diese Weise viergeteilte Rom (*roma quadrata*) wird zur Modellstadt. Ob in Afrika oder Nordeuropa: Jedes römische Heerlager wiederholte das Prinzip, das Geschehen am Himmel auf die Erdoberfläche zu projizieren.

Sich ein Reich ohne Zentrum, ohne Hauptstadt vorzustellen, fällt uns schwer, weil wir es nicht anders kennen. Dabei kamen Königs- und Kaisertum im Mittelalter ganz ohne aus. Natürlich hatten die Herrscher ihre Lieblingsorte und eigene Machtbastionen. Zusammengehalten wurde das Reich aber durch das permanente Umherziehen der Herrschenden. Die Repräsentation der Krone erfolgte nicht durch eine zentrale Position, sondern Nomadentum, das so genannte Reisekönigtum. Ebenfalls undenkbar für viele Menschen sind Städte ohne ein Zentrum. Auch das ist keine Notwendigkeit. Da aber viele europäische Städte ihren Ursprung im Hochmittelalter haben, prägen sie unser Verständnis von Stadt an sich. Und die damaligen Gründungen verliefen ähnlich zum römischen Prinzip, auch wenn sie wohl nicht auf die antike Tradition zurückgriffen. Das hier wirksame Vierer-Prinzip geht dem Ethnologen Werner Müller zufolge nicht auf das römische Vorbild zurück, sondern auf eine eigenständige Denktradition in Nordeuropa, die er in »Die Heilige Stadt« umreißt. Die Häufung an Beispielen – es sei an die vorigen Ausführungen zur Frühzeit erinnert – und ihre räumliche Verbreitung sind erstaunlich. Kreisrund und vierquartiert angelegt beispielsweise sind die dänischen Königsfestungen Fyrkat und Trelleborg. In vier Provinzen war das alte Irland geteilt und ein heiliger Ort in der Mitte der Insel beherbergte den »Stein der Teilungen«. Kreisförmige Anlagen finden sich seit der Megalithkultur, etwa Dolmenringe im Zusammenhang mit Grabanlagen. Auch bei Kultstätten wie dem so genannten Sonnenobservatorium Goseck sind Kreisstrukturen nachweisbar. Kreisgräber sind bis in die karolingische Zeit nachvollziehbar und Kreise und Mittelsteine lassen sich als Gerichtshegung vielerorts finden. Mit Haselnussruten oder Steinen gesetzte Ringe steckten vermutlich heilige Orte ab. Man spricht auch vom schützenden Bannkreis. Ein solcher verleiht Macht über das Eingeschlossene, weshalb alte nordeuropäische Rechtsbräuche die Umkreisung in einer Prozession als Besitznahme von Land kennen.

In der mittelalterlichen Stadt ist das Prinzip von Kreuz und Mitte jedenfalls verwirklicht. Man kann das an Rottweil ebenso erkennen wie in Köln, Villingen, Basel und Neubrandenburg. Um das Straßenkreuz gruppierten sich die wichtigsten weltlichen und spirituellen Einrichtungen wie Rathaus und Marktplatz, wuchsen Kirchen und Kathedralen wie Nadeln in den Himmel. »Mittelalterliche Städte umschlossen eine Bedeutung tragende Mitte, um die sich konzentrisch Häuser und Straßen ordneten. Eingebunden in die Funktion des Marktes war sie Kirchplatz, später Rathausplatz. Diese Mitte, das Herz der Stadt, gehörte allen Bürgern, denen sie Orientierung und Identität gab.«[82] Heute sind das – von touristischen Attraktionen abgesehen – vor allem Geschäfts- und Verwaltungsbezirke, Shoppingmeilen und -center sowie Bankenviertel. Aus der mittelalterlichen Vierteilung stammen übrigens die bis heute gebräuchlichen Bezeichnungen »Viertel« und »Quartier«.

Im Übergang zur Frühen Neuzeit fand die Geometrisierung aller Wissenschaften und auch der Ästhetik statt. Jeden Wissens- und Lebensbereich führte man ins Reich der Zahlen und Funktionen über. Zentralperspektive und Achsensymmetrie etablierten sich zu strukturgebenden Grundsätzen. Nach ihren Vorgaben wurden Gärten und Promenaden angelegt, Festungen und Schlösser waren verbaute Geometrien der Mitte. Diese Symbolkraft wusste selbst noch Emanuel Macron bei der französischen Präsidentschaftswahl 2017 zu schätzen. Minutenlang schritt er auf die Pyramide im Louvre zu, die mitten zwischen dem linken und rechten Flügel des Baus steht. Vor diesem Spiegel der politischen Symbolik des Parlaments inszenierte sich der Kandidat als wahre Verkörperung der Mitte. Für seinen Amtsantritt wählte er dann die pompöse achsialsymmetrische Anlage von Versailles: Mitte und Macht kamen zusammen. Auf Mitte und Zentrum hin wurden auch die frühneuzeitlichen Planstädte mit ihren geometrischen Grundrissen und regelmäßigen Straßenzügen entworfen. Das betraf sowohl real gebaute als auch literarische Utopien. Schon das Atlantis Platons, das er als zeitkritischen Kommentar erfand, wurde von einer erhabenen Akropolis in der Mitte der Hauptinsel gekrönt. Entsprechend forderte ein frühneuzeitlicher Architekt, sich an den Proportionen des menschlichen Körpers zu orientieren: Wie die Nabelschnur den Embryo nährt, solle ein zentraler Platz in die anderen Stadtteile ausstrahlen. Ein Beispiel für eine Stadt vom Reißbrett ist der historische Kern Mannheims, das den Beinamen »Quadratstadt« trägt. In der um ein Straßenkreuz angelegten rechteckigen Blockbebauung wird eine frühe Form des Rasters erkennbar und man kann sich New Yorks Stadtteil Manhattan als Vervielfachung des Mannheimmusters vorstellen. Auch Freudenstadt ist nicht gewachsen, sondern Produkt eines Plans. Ende des 16. Jahrhunderts als Residenzstadt für den Herzog von Württemberg erbaut, nimmt das Schloss darin die zentrale Position ein. Die Stadt sollte der markante Mittelpunkt des protestantischen Gebietes sein, Leuchtturm zwischen dem katholischen Frankreich und dem katholischen Habsburger Land.

Freudenstadt inspirierte Johann Valentin Andreae zu seinem utopischen Staat Christianopolis: So streng lutherisch seine geistige Verfassung, so exakt fällt der quadratische Grundriss mit kreisrunder Kirche in der Mitte aus. Auch Thomas Morus' Utopia ist zentriert: Die Hauptstadt Amaurotum steht in der Mitte des perfekten Inselstaates. In ihrer Mitte wiederum liegt auf idealem Grundriss der Markt. Ebenfalls inmitten der Sonnenstadt von Tommaso Campanella thront mit einem hohen Tempel Bedeutendes. Morus' Vision zeigt sich verdunkelt: Müßiggang wird mit Auspeitschen, Nahrungsentzug und vielleicht einer Rettung aus der Effizienzhölle, der Verbannung, bestraft. Den literarischen Utopien der Frühen Neuzeit ist gemeinsam, »daß sie alle sich als in sich geschlossene Einheiten auf ihren räumlichen wie bedeutungsmäßigen Mittelpunkt in Gestalt eines Platzes oder Schlosses konzentrieren«.[83] Hinter der himmlischen Hoffnung, alle Widersprüche der Gesellschaft architektonisch zu nivellieren, entpuppt sich die Idealstadt als am Menschen vorbei geplantes Reich der Finsternis. Bei Dante Alighieris Höllenfahrt bekommt die Unterwelt eine geometrische Struktur, wirkt durchorganisiert und geordnet. Seine »Göttliche Komödie« legt eine infernalische Topografie offen, die an die Idealstädte gemahnt. In konzentrischen Kreisen ziehen sich die Marterbereiche um die trichterförmige Teufelsstätte. Das menschliche Mittelmaß wartet im Fegefeuer darauf, einst geläutert in den Himmel aufzusteigen. Im Vorhof der Hölle verweilen die Zaghaften, die äußere Hölle liegt in Ringen um die Stadt Dis, die »Stadt der Trauer«. An deren Ringmauern gelangt man durch den Styxsumpf. Hier leiden wiederum in ringförmigen Bereichen Gotteslästerer,

Selbstmörder, Sodomiten. In der Mitte schließlich führt ein Tunnel ins Erdinnere. Im Herz der Hölle, das Luzifer höchst selbst ist, werden Kain und Judas gepeinigt.

Ein letztes Beispiel für gebaute Mitten sollen die nationalsozialistischen Propagandabauten sein, eine einzige Überrumpelung durch monumentale Überhöhung. Frontalperspektive, bei das Objekt senkrecht zur Augenhöhe steht und sich alle Linien in einem Fluchtpunkt treffen, massive Zentrumsstruktur und überdimensionierte Achsen waren das Strukturprinzip des Reichssportfelds in Berlin mit dem Olympiastadion in der Mitte. Um zur Welthauptstadt Germania zu werden, sollte Berlins Zentrum komplett neu gestaltet werden, was nicht realisiert wurde. Mit aus dem Absolutismus entnommenen, aber aufgeblasenen Stilelementen: Hitlers Arbeitszimmer sollte direkt an der Mittelachse liegen, was Ähnlichkeiten zum zentralen königlichen Schlafzimmer in Versailles aufweist. Die Planungen für Germania wiederholten mit den Nord-Süd- und Ost-West-Achsen ebenfalls die bekannte Vierecksform Roms. »Der Maßstab des Einzelmenschen weicht dem Maßstab der Formationen«, fasste ein damaliger Planer das Vorhaben zusammen.[84] Der Philosoph Vilém Flusser zieht ein anderes Fazit, wenn er als wesentliche Idealstadtkritik mit Blick auf das aus dem Urwaldboden gestampfte Brasilia schreibt: »Man finde die geometrische Mitte des Landes. Man mache sie zum politischen Zentrum. Und man verachte dabei alle wirtschaftlichen, sozialen, ethnologischen und politischen Nebenumstände.«[85]

Exkurs: Wagenburgmentalität – zur Grenze der Mitte

Solange sich die menschlichen Handlungseinheiten aus- und eingrenzen, wird es asymmetrische Gegenbegriffe und Negationstechniken geben, in die Konflikte solange einwirken, bis wieder neue Konflikte entstehen.[86]

Ob sich etwas oder jemand in der Mitte befindet, hängt zweifelsohne davon ab, wie eine Situation definiert, ein Tätigkeitsfeld strukturiert oder eine Welt organisiert wird. Insofern hat auch jede reale Mitte einen symbolischen Einschlag und selbst die so genannte geometrische Mitte gibt es im strengen Sinn als symbolunabhängige Größe gar nicht, wie exemplarisch an den geografischen Mitten zu sehen war. Solche Bedingtheit von Position und Bewertung beinhaltet auch die Frage der Zugehörigkeit. Wer zur Mitte der Gemeinschaft zählt, wird in der Regel nicht durch eine positive Definition dessen, was diese genau ausmacht, bestimmt, sondern durch Ausschluss anderer. Die müssen leider draußen bleiben.

Bemerkenswert ist die Bedeutungszunahme des Grenzkonzepts seit Beginn der Moderne, die in ganz Europa zu beobachten ist. Waren räumliche Grenzen zuvor eher Zwischenzonen und Säume, so werden sie nun exakter gezogen. (Für eine ausführliche Diskussion von Grenzen sei hier unbescheiden auf mein Buch »Welt aus Mauern« verwiesen.) Mit der politischen Grenzziehung waren immer auch kulturelle Interpretationen verbunden, wobei innerer und äußerer Bereich unterschiedliche Gewichtung erfuhren. »Diesseits der Grenze stand demnach das Strukturierte, Geordnete, Definierte, die Zivilisation oder gar der Bereich des Heiligen, während jenseits der Grenze das Undefinierte, Ungeordnete und damit das Chaos und die Barbarei, wenn nicht gleich das Reich des Bösen herrschte«.[87] Der Historiker Reinhart Koselleck erörterte solche Ausschlussmechanismen exemplarisch an den begrifflichen Gegensatzpaaren Hellenen – Barbaren, Christen – Heiden und Mensch – Unmensch. Ihm zufolge charakterisiert der »schlichte Gebrauch des ›wir‹ und des ›ihr‹ […] zwar Aus- und Eingrenzungen und ist insofern Bedingung möglicher Handlungsfähigkeit.« Zu einer »politischen wirksamen Handlungseinheit kann eine ›Wir-Gruppe‹ erst durch Begriffe werden, die mehr in sich enthalten als eine bloße Bezeichnung oder Benennung.«[88] So konstituiert sich eine politische oder soziale Gruppe als exklusives Kollektiv und wird erst als solches handlungsfähig. Die Eingrenzung, die andere ausgrenzt, wird zur Selbstbestimmung und schließlich inhaltlich angefüllt, damit es beim bloßen »wir« nicht bleibt. Das Bild der Mitte lässt eine unkomplizierte Selbstverortung zu, wie noch intensiver auszuführen sein wird. Aber gerade die simple Ausdifferenzierung des sozialen Raums in Oben, Unten, Mitte oder Links, Mitte, Rechts fördert diese (Selbst-)Positionierung, weil die Mittelposition für vermeintliche Neutralität steht und Ausgeglichenheit suggeriert. Mit dem Aufscheinen ihres exklusiven Zentrums zeigen sich auch die Grenzen der Mitte. Sie hat eine identitätsstiftende Wirkung. In ihr verorten sich Wir-Kollektive, die sich von anderen abgrenzen, diese ausgrenzen. So wie man sich selbst in der Mitte sieht, werden andere abgewertet. Hier passt eine Beobachtung, die der Reporter Wolfgang Büscher auf seiner Reise zu Fuß von Berlin nach Moskau machte: Wo immer er auch hinkam, der Osten lag östlicher. Niemand selbst wollte Osten sein, denn das waren jeweils stets die weniger Kultivierten.

> *Der Schurke ist immer der andere, stets derjenige, auf den der rechtschaffene Bürger, der Vertreter der moralischen oder rechtlichen Ordnung, mit dem Finger zeigt. Er erscheint immer in zweiter oder dritter Person.*[89]

Mittendrin: Gesellschaftsordnungen

> *Wie das Niemandsland ist die Mitte da, wo rechts und links nicht sind. Sie ist also da, wo nichts ist.*[90]

Wie gesehen, kann Mitte Zeit und Raum strukturieren, und geografische Zentrallagen sowie architektonische Zentralanlagen dienen der Orientierung und Sinnstiftung. Selbstverständlich ist das Mitteprinzip auch wirksam beim Sortieren des Sozialen, und das auf vielfältige Weise. Oben-Mitte-

Unten scheint uns fast natürlich, wenn wir an gesellschaftliche Hierarchien denken. Und seltsamerweise erscheinen uns Gesellschaften ohne Rangordnung unbeschreiblich, weil sie ohne Ordnung und Struktur wirken. »Ganz unten«, wie Günter Wallraffs berühmte Ausbeutungsdokumentation heißt, will niemand vegetieren. Auf der Karriereleiter sind obere Positionen attraktiv, im sozialen Gefüge strebt man vielleicht heimlich nach ganz oben, öffentlich bekennt man sich lieber zur Mitte. Sie galt und gilt in vielen Gesellschaftszusammenhängen als das Gute und Schöne, wie in diesem Kapitel zu erfahren ist. Wie die europäischen Demokratien als Mittelschichtengesellschaften idealisiert werden und warum das problematisch ist, zeigt das nachfolgende Kapitel.

Politik aus der Mitte: Die Mischverfassung der Polis

Ich stand in der Mitte und hielt den kräftigen Schild,
daß nicht ungerecht eine Seite siege. Solon[91]

Der Staatsmann steht wie ein Fels in der Brandung, die von allen Seiten an ihn heran drängt. Mit erhobenem Schild schützt er die Mitte und bewahrt Ruhe im griechischen Stadtstaat, der Polis. Diese Selbstdarstellung des Athener Politikers Solon unterstreicht den Stellenwert der Mitte in der Polis. Aus ihr sollten die klugen politischen Entscheidungen erfolgen, sie galt es zu erhalten. In Euripides' Tragödie »Die Schutzflehenden« tritt die Mitte zur Verteidigerin der Demokratie auf: »Der dritte Teil aber, derjenige in der Mitte, rettet die Polis, indem er die innere Ordnung bewacht, die sich eine Polis jeweils selbst gab.«[92] Wie die Mittelschicht in modernen Gesellschaften galt sie als Stütze des Stadtstaats. Nicht nur bei Aristoteles, dessen Rolle bei der Popularisierung des Mittedenkens bereits skizziert wurde, sondern in der gesamten Antike hatte das Mittlere (Mesotes) hohes Ansehen. Für Hippokrates war Mesotes ein Rezept der Heilkunst, die darin bestand, das Gleichgewicht der vier Körpersäfte zu wahren. Litt jemand an Stimmungsschwankungen, so diagnostizierte der Arzt Melancholie, also einen Überschuss an schwarzer Galle im Blut. Um die Schwermut zu kurieren, müsse man ein Gleichgewicht der Flüssigkeiten erwirken. Politiker Solon erachtete die Mitte als das Signum der gerechten Gesetzgebung, weil sie für ihn Maß schuf zwischen Arm und Reich. Sahen die Pythagoräer die Harmonie als richtige Ordnung der Gegensätze an, so galt das Maß allen Vorsokratikern und Sophisten als Kerntugend. Platon generalisierte die Mesotes zu einer Leitkategorie: »Sie erscheint strukturell und terminologisch überall fast in der nämlichen Gestalt: die Struktur von Norm und Entartung bietet das scharf ausgeprägte, stets gleich bleibende Bild eines Kontinuums, das sich beiderseits der richtigen Mitte ins Mehr und Weniger [...] hineinerstreckt.«[93] Folglich musste die Mitte auch als Prinzip der Politik, also der Organisation der Polis fungieren – da waren sich Platon und Aristoteles einig. In einem Kurzschluss von individuellem Leben und Stadtstaat hatte das Primat der Mesotes auch für Letzteren Geltung: Wie der Mensch muss auch der Staat Maß halten.

Als Mischverfassung diskutierten beide Philosophen die richtige Mitte. Ihre Reflexionen über das Regieren eines Stadtstaats bildete die Keimzelle des politischen Denkens, was sich schon daran zeigt, dass sich »Politik« von der Polis ableitet. Die Mitte bestimmte bereits die Dimension der Gemeinschaft. Der regierbare Stadtstaat durfte weder zu klein noch zu groß sein. Atlantis wurde schon erwähnt: Es ist interessant, wie Platon hier sein Mittefaible ästhetisch auf den idealen – fiktiven – Stadtstaat übertrug. Seine Beschreibung ist vom kreisförmigen Muster durchzogen. Zentral auf der Hauptinsel liegt die Hauptstadt mit dem zentralen Burgberg. Platon verknüpfte die architektonische Ordnung seines untergegangenen Idealstaats mit der sozialen und politischen. Die beste Verfassung bestand daher für ihn in der Mitte zwischen Monarchie und Demokratie – wobei er Letztere als Tyrannei einer armen Mehrheit definierte. Diese Verfassung sollte Elemente mehrerer Staatsformen vereinen, weshalb man sie Mischverfassung nennt. Ebenso stellte für Aristoteles die Bürgergesellschaft die grundsätzlich beste Verfassung dar. Weil sie auf den Bürgern mit durchschnittlichem Besitz basiere, verhindere sie Exzesse. Bürger sind Herrscher und Beherrschte zugleich. Armut und Reichtum haben sich im Staat die Waage zu halten. Denn zu viel Reichtum befördert demzufolge Müßiggang und Verschwendung, zu große Armut hingegen Unfreiheit und Kriminalität. Reiche würden nur pure Herrschaft kennen, Arme seien sklavisch untergeben: »Demnach bildet sich ein Staat von Sklaven und Sklavenherrn heraus, doch nicht von Freien«.[94] Die Mittleren identifiziert Aristoteles als Bürger, die in dieser Staatsverfassung – das Hufeisen-Modell der Extremismustheorie fast vorwegnehmend, bei dem die politischen »Ränder« als von der Mitte wegstrebend einander gegenübergestellt werden – eine neutrale Position zwischen der »äußersten Demokratie« und der »reinen Oligarchie« einnehmen. Und darum ist die Mitte die einzige Kraft, die Aufstände verhindert und Beständigkeit garantiert.[95] Die Bürger der Mitte sind nämlich unabhängig genug, sich nicht einfach aufwiegeln zu lassen, so Aristoteles. Sie haben aber auch genug zu verlieren, um nicht blinder Raserei zu verfallen. In den Worten des Philosophen: »Wo die Menge der Mittleren das Übergewicht hat, entweder über beide Extreme oder zusammen oder bloß über das eine von beiden, da kann es eine bleibende Staatsverfassung geben«.[96] Diese Überlegungen waren nicht nur graue Theorie. Ein Jahrhundert, bevor Platon und Aristoteles lebten, verfügte Athen tatsächlich über eine relativ breite Schicht mit stabilisierender Funktion. Allerdings sprach man damals nicht von Mitte, sondern von dem Leben von Gleichen unter Gleichen. Erst ab dem späten 5. Jahrhundert vor unserer Zeitrechnung, als diese Gruppe schmolz und die sozialen Gegensätze zunahmen, wurde Mitte zum politischen Slogan. Realisiert wurde die Mischverfassung später im antiken Rom, wo Konsulat und Senat monarchische und demokratische Elemente vereinten. Als Topos kehrte sie auch in den italienischen Stadt-Republiken der Renaissance wie Venedig und Florenz wieder sowie in zahllosen frühneuzeitlichen Staatslehren.

Die Mitteidee beeinflusste auch jenseits der Regierungskunst das Leben. So kann man die Kyniker, selbst wenn die Philosophiegeschichte ihnen ein asketisches Hundeleben zuschreibt, besser als Menschen des Maßhaltens verstehen. Ihnen zufolge soll sich der Mensch aus der Politik zurückziehen und sich auf sich selbst besinnen. Maßhalten empfahlen auch die Epikureer, wobei hier Maß vor Mitte dominierte. Es ging eher um Duldsamkeit: »Lernen wir die Enthaltsamkeit steigern, den Luxus beschränken, den Gaumen im Zaum halten, den Jähzorn besänftigen, die Armut mit Gleichmut betrachten«.[97] Der Politiker und Philosoph Cicero war ebenso begeistert vom Mittelmaß als Balance der Tugenden. »Medium« nannten die Römer die Öffentlichkeit und das Gemeinwohl, im öffentlichen Raum auf dem Forum mussten die Bürger maßvolle Klugheit im Small Talk beweisen. Horaz dichtete »Wer das goldene Mittelmaß / Liebt, entbehrt sicher des Schmutzes«.[98] Der Aristoteles-Verehrer hatte hübsche Sprachbilder parat. Einem Freund legte er das Lebensmotto nahe, weder übermütig auf der hohen See noch ängstlich am Ufer zu segeln, weder in der morschen Hütte zu hausen noch in Palästen zu prassen. Von ihm stammt auch die Formulierung »goldene Mitte«, die in viele Sprachen Eingang fand. Von seinem Poetenkollegen Ovid hat sich der bekannte Sinnspruch »Medio tutissimus ibis« erhalten: »Auf dem Mittelweg gehst du am sichersten.«

Gemeindezentrum: Die mittelalterliche Weltordnung

K→A↑R↓O↓L↑U→S

Gott ist Mitte. Das Mittelalter – die Humanisten erfanden diesen abwertenden Epochenbegriff einer Zwischenzeit, um an die Antike anzuknüpfen – war trotz seiner Vielfältigkeit und Buntgeschecktheit über tausend Jahre hinweg vor allem durch die Mitte Gottes bestimmt. Um sie gruppierte sich die Gemeinde, sie galt es zu schützen. Denn diese Ordnung bedrohten beständig Kräfte von außen, wie es ein Kapitell der Klosterkirche in Velazy/Burgund zeigt: Von links zerrt der Dämon Zorn mit aufgerissenem Maul an der Mitte, von rechts lockt die Versuchung als nackte Frau. Die ständische Gesellschaft war durch eine vertikale Hierarchie organisiert, wo die Macht oben saß – aber auch in der Mitte. Im Realen wie in den symbolischen Darstellungen thronte der Herrscher oder Gott über allem in einer zentralen Position. Macht wurde sozusagen durch die gehobene Mitte angezeigt. Sie ist ein Ehrenplatz: Man befindet sich im zentralen Blickpunkt von allen anderen. Eben darum ist die Mitte auch der Ort des Prangers und des Gerichts.

Das geozentrische Weltbild garantierte die Ordnung auf Erden: Ist der Kosmos auf die Erde als Mittelpunkt ausgerichtet, waltet augenscheinlich auch auf ihr das universale Ordo-Prinzip. Bereits in der frühchristlichen Kirche war das ausformuliert, wenn es im ersten Clemensbrief aus dem Jahr 96 heißt: »Die Himmel kreisen durch Gottes Walten und ordnen sich Ihm im Frieden unter.«[99] Das verdeutlichte der in der Gottesdarstellung dominierende Bildtypus *Majestas Domini*: Die »Herrlichkeit des Herrn« drückte die Zentrumskomposition aus, in der Jesus von Erzengeln umgeben in der Himmelsmitte sitzt. Die Zeit ist stillgelegt, die Ewigkeit unbewegt. Gott wirkt von oben aus der Mitte – wie ein Trickle-down-Effekt dringt sein Wirken nach unten durch.

Das spiegelt sich im strengen Hierarchiegebäude der Kirche mit dem Vatikan als zentralem Kopf. Dieses stimmte mit der christlichen Erfahrungswelt überein und fungierte als Struktursystem für und Kompass durch die Lebenswelt. Motive des Zentrums bestimmten die Paradiesvorstellungen ebenso wie die Abbilder der Hölle. Im himmlischen Palast steht der Herrgottsthron in der Mitte. Auf Dantes Hölle hatten wir schon hingewiesen, Jerusalem und Rom als christliche Zentralen ebenso.

Das Kloster als Abbild des himmlischen Jerusalems wurde von Geometrie beherrscht, Symmetrie rahmte das Klosterleben. Dem Idealplan nach, etwa in St. Gallen verwirklicht, waren alle Gebäude um die zentrale Klosterkirche angelegt und symbolisierten baulich die Ordnung des Himmels. Das wiederholte sich im Innern der Kirchen. »Die zentrale Position des Kreuzaltars spiegelte eine Grundidee mittelalterlicher Weltbilder: Das Kreuz stand im Mittelpunkt der Erde, von dort erfassten seine vier Arme die gesamte Welt. Mit dem Kreuzaltar wurde diese vom Kreuz bestimmte Weltordnung auf das Kirchengebäude übertragen.«[100] Das Kreuz im Mittelpunkt der Welt lag nicht nur der Kartografie zugrunde, sondern war umfassendes Motiv. Als durch ein Kreuz viergeteilter Kreis ist das Monogramm Karls des Großen gestaltet. An den Kreuzarmen stehen die Konsonanten K, R, L und S, im Zentrum sind A, O und U zum Ornament vereint (siehe Eingangszitat). Diese Vierung im Weltenrad, *Rota* genannt, wurde als die symbolische Form der Natur angesehen – noch weit über das europäische Mittelalter hinaus. Im Städtebau sind wir ihm schon begegnet. Ebenfalls in Medizin, Philosophie, Ästhetik und Theologie entfaltete das Schema seine Kraft. Die Vier bestimmte die Anzahl der Evangelien, Erzengel und Kardinaltugenden, der Tonmodi, der Jahreszeiten, Hauptwinde, Elemente und apokalyptischen Reiter. Die oben umrissene antike Viersäfteleere behielt weiterhin Gültigkeit. Bildlich wurde sie für gewöhnlich in einem Achsen-kreuz dargestellt. Das Vierer-Prinzip mit dem herausgehobenen Kreuzungspunkt strukturierte die Wahrnehmung und macht verständlich, warum die Mitteposition derart von Bedeutung war. Die Rota konnte sogar Glück bringen: Sie war im Rad der Schicksalsgöttin Fortuna verbaut, von welchem das Glücksrad und der Roulettekessel inspiriert sind.

Der in den bildlichen Darstellungen mittig sitzende Herrscher, die engen Vertrauten zu seiner Rechten und Linken, war gleichsam ein Sinnbild für die Balance zwischen gegnerischen Positionen und damit Ausdruck der Gerechtigkeit. »Eine Gemeinschaft wird durch den thronenden König begründet und findet in ihm ihre Mitte. Deshalb sind das Sitzen auf Stühlen und das Thronen Gebärden der Macht. Der Thron ist das Tor zum Transzendenten und symbolisiert und verkörpert die abstrakten Ideale eines Gemeinwesens: Urschöpfung und Opfer, Geburt und Tod sowie die abstrakten Gesetze des Verhaltens. Im Thron wird die Gemeinschaft bildhaft.«[101] Lag die frühchristliche Gemeinde noch nach antiker Sitte um einen niedrigen Tisch herum beim Abendmahl und Gottesdienst, so wandelte sich über die Jahrhunderte der Ritus der Andacht. Der höher werdende Tisch entwickelte sich zum zentralen Altar, auf den sich die Gläubigen sitzend ausrichteten.

»Jedes Zuviel ermangelt des Maßes«: Auch Kirchenvater Augustinus vermochte keine positive Bestimmung des Begriffs zu liefern. Maß und Mitte scheinen wie bei Aristoteles und anderen nur in der Differenz zu den Extremen auf. Augustinus schwor so sehr auf das Maßhalten, dass sein erster Biograf ihn als Verkörperung dessen charakterisierte. Er habe stets den Mittelweg gewählt: »Die Kleider und Schuhe, die er trug, das Bett, das er benutzte, waren seinem Stande gemäß von schlichter Güte, weder auffallend schön noch abstoßend häßlich.«[102] Weil der Mensch aufgespannt sei zwischen Gott und dem Bösen, herrsche über die menschliche Tiernatur das Maßhalten als Instrument der Vernunft, wie

Thomas von Aquin in seiner christlichen Ethik entwarf. Mitte nannte er »Höchstmaß« und den »richtige[n] Plan«.[103] Die Tugendlehre stellte man sich als Bewegung auf einer Leiter vor: Die Seele kann über Irdisches hinaus in den Himmel gelangen oder hinunter in die Hölle – sie startet in der Mitte. Solche Leitern flossen motivisch in die darstellende Kunst dieser Zeit ein. Dem christlichen Gebot entsprang das ritterliche Ideal von der »mâze«, der Mäßigung, die Thema der höfischen Literatur war. Romanritter Parzival sah sich aufgefordert, »jedem Ding sein rechts Maß« zu geben. Walther von der Vogelweide besang eine »Frouwe Maze«, die geerdeter sei als die verklärte Frau der hohen Minne.[104] Die Frau sollte nicht mehr unerreichbar sein und der Sänger kein gescheiterter Liebesnarr. Maßlos wurde zum Maßhalten in allen Lebensbereichen aufgefordert. Selbst noch so profane und martialische Quellen wie die Fechtbücher, Anleitungen zum Gefecht mit Schwert und Schild, enthalten den Ratschlag, alle Kampfkunst habe »Länge und Maß«.[105] Illustriert wird das Maßhalten allegorisch durch eine Frau, die Wasser in einen Weinkrug gießt; die Mitte ist quasi verwässert.

Und weiter…: Die Mitte zieht Kreise

Nur die Mitte frommt[106]

Die später Geborenen erklärten die Zeit zwischen der Antike und ihrer eigenen Gegenwart zum »Mittelalter«, also einer Art dunklem Zwischenzeitalter. Ab der Renaissance dockten die Gelehrten und Künstler geistig-kulturell wieder bei den Griechen an. Mediziner Paracelsus, von dem wir wissen, dass allein die Dosierung das Gift macht, formulierte in der Zeit des Übergangs: »Alles, was der Mensch tut oder handelt, lernet oder will lernen, das muß in Waag, in der Linie und im Zirkel blieben«.[107] Der Entwicklung der Zentralperspektive und der Ausrichtung frühneuzeitlicher Repräsentationsbauten nach der Achsensymmetrie sind wir bereits begegnet. Das »Universal-Lexicon« aus dem 18. Jahrhundert vermerkt unter dem Eintrag »Mittelpunkt«: »[D]ieses Wort wird auf mancherley Art genommen und für den Grund-Sitz und vornehmsten Theil eines Dinges gehalten. Also heißt der Mensch der Mittel-Punkt aller Creaturen und Geschöpfe, der Magen centrum morborum, die Quelle der Krankheiten, bey den Weibern wird die Gebährmutter der Mittel-Punkt, in einem Ey die Dotter, das Hertz der Grund oder Mitte des Lebens genannt.«[108] Nicht nur in zahlreichen Sprichwörtern klingt die Mitte an. Lange Zeit gilt der Mittelfinger als Heilfinger, wurde beim Vermischen von Medizin sowie lindernden Gesten bevorzugt verwendet. Die schmähende Geste des gestreckten Mittelfingers ist keine neue Mode, mit dieser beleidigte schon Diogenes seine Kritiker. Einer christlichen Sozialutopie aus dem 16. Jahrhundert nach besteht die Welt aus drei Tischen: einem reichhaltig, einem weniger üppig und einem karg gedeckten. Mit Gottes Hilfe würden einmal in glücklichen Zeiten alle Menschen an der mittleren Tafel speisen, so die hoffnungsfrohe Botschaft.

Die ästhetischen Diskurse um 1800 waren vom Motiv der Mitte getragen und sie wurde zu einer tonangebenden Kategorie des Klassizismus. Friedrich Schiller pries in »Briefe über die ästhetische Erziehung des Menschen« den »mittlere[n] Zustand« des Menschen, zu welchem die Schönheit verhelfen soll.[109] Bei Friedrich Hölderlin trat die Mitte nicht mehr als Ort bloßer Aussöhnung in den Blick, sondern auch als ein Kampfplatz des Widerstreits, den der Dichter mit seiner Poesie zu überwinden suchte. Mitte ist hier ein Ideal von dynamischer Natur, während andere Theoretiker sie als innere Ruhe und Ausgeglichenheit definierten. So verstand Archäologiepionier Johann Joachim Winckelmann die »gemäßigte Witterung« – zwischen Hitze und Kälte stehend – als Garanten der Größe griechischer Kunst.[110] Und knüpfte damit an die Herleitung eines Aristoteles an, der Griechenlands Glorie klimatisch begründete. »Prophete rechts, Prophete links, das Weltkind in der Mitten«, prägte Johann Wolfgang von Goethe ein bis heute gebräuchliches Sinnbild.[111] Blaise Pascal kennzeichnete Mittelmäßigkeit (*médiocreté*) als höchstes persönliches Gut und forderte, charakterlich die richtige Mitte (*juste milieu*) zwischen den »Extremen« zu halten. Die Mitte gedieh bei ihm zur anthropologischen Konstanten, zur *condition humaine*. So sei der Mensch mit den Sinnen un- beziehungsweise überempfindlich gegen alle extremen Reize. Starkes Licht zum Beispiel würde ihn einfach blenden. »Sich bilden heißt: die rechte Mitte halten, zwischen der sittlichen Schablone und seiner Persönlichkeit«, ist in der Bestandsaufnahme »Die Bildung und die Gebildeten« (1864) zu lesen.[112] Darin klingt jener gesunde Menschenverstand an, dem wir noch begegnen werden, ebenso wie der opake Terminus »Mittelstand«, der sich ab dem 17. Jahrhundert allmählich entwickelt (siehe entsprechenden Abschnitt unten).

Diese Aufzählung ist nicht erschöpfend, soll jedoch zur Illustration genügen. Noch einmal sei die Warnung hinzugefügt, solche Aneinanderreihungen nicht so zu verstehen, dass »die« Mitte ein seit antiken Tagen alles durchwaltendes geschichtliches Prinzip sei. Sie zieht sich nicht seit der Mesotes-Lehre wie ein roter Faden durch die Geschichte und adelt heute die »Volksparteien«. Diese Aufzählungen sollen vielmehr verdeutlichen, in welcher Vielfalt Mittemotive aufleuchten. Ihr mannigfaltiges, in Nuancen oder grundlegend in der Bedeutung schwankendes Auftauchen stützt lediglich diesen Trugschluss einer fest definierten Mitteidee. Nehmen wir sie vielmehr weiterhin in einen staunenden Blick.

Gleichmaß und Synthese: Mittelogiken

Die Vierung im Kreis ist gewissermaßen zur Natur des Menschen geworden. Er ist inmitten des Kosmos plaziert. Er ist im Kleinen der Schauplatz des Großen. Der Mensch ist nicht »geschlossen« sondern offen, pathisch, porös, preisgegeben den Mächten der Natur.[113]

Ob als Pendel zwischen zwei Polen oder Mittelpunkt auf einer Linie: Die Mitte ist als Denkfigur so sinnfällig, weil sie sehr gut darstellbar ist. Auf einer Strecke mit den Punkten A und B wird M als Mitte zwischen ihnen eingezeichnet. Das ist für jeden verständlich. Im selben Bild kann man noch eine Mittelsenkrechte mit den Punkten C und D hinzufügen und die Mitte M wird zum scheinbar neutralen Nullpunkt. Sie schenkt Orientierung als Anker im kartesischen Koordinatensystem. Wobei sich der zentrale Zirkelschluss auch hier offenbart: Die Mitte wird erst durch Abgrenzung erkennbar.

Gleiches gilt für die Vorstellung von Balance und Gleichgewicht, die oft genug als schiefe Metapher dient. Stress zum Beispiel wird als Unwucht halluziniert, als ob das Lebensrad einen Schlag weg hätte. Die Werbung verspricht allerlei Mittelchen, die »Unausgeglichenheit« beheben sollen. Fehlende Balance bedroht alle möglichen Lebenslagen. Da nützen nur Yoga, Runner's High oder die legalen Helferlein der narkotischen Gemeinschaft, um die Mitte des inneren Selbst wiederzuerlangen, sie ins Lot zu bringen. Ein ausgeglichener Staatshaushalt mit »schwarzer Null« wird zum politischen Fetisch, als ob die öffentliche Hand mit einem Privathaushalt gleichzusetzen wäre. Es klingt aber psychologisch überzeugend. Militärische Parität und nukleares Gleichgewicht sind noch halb positiv besetzt, immerhin soll eine Balance des Schreckens heiße Kriege verhindern. Das zu wahrende Marktgleichgewicht, die Übereinstimmung von Angebot und Nachfragemenge, ist eine Grundsäule des marktwirtschaftlichen Denkens. Das Gleichgewicht der Kräfte, *balance of power*, sollte nach den Konfessionskriegen des 16. und 17. Jahrhunderts Europa befrieden; mit mäßigem Erfolg. Mit der Kybernetik und der Systemtheorie kamen neue Impulse eines Balancedenkens, wurde die Idee eines »dynamischen Gleichgewichts« populär und die Gesellschaft »als labiles Gleichgewicht« beschrieben. Das ist semantisch fragwürdig, aber bequem, denn darin verpackt steckt bereits eine Mahnung, das Gleichgewicht und den Regelkreislauf bloß nicht zu stören. Auf der Betonung des Ebenmaßes fußen ästhetische Theorien seit dem Wirken von Johann Joachim Winckelmann. Er forderte die Nachahmung der für ihn überlegenen, in gemäßigtem Klima und einer gemäßigten Gesellschaftsordnung geschaffenen antiken Kunst, was in deutschen Landen seiner eigenen Hypothese zufolge nach gar nicht möglich war. Er bemerkte den Widerspruch nicht. Seine Erläuterungen bestimmten auch im 19. Jahrhundert die ästhetische Diskussion. Die Schönheit der Ausgeglichenheit sei in der modernen Kunst verloren gegangen, beklagten im Anschluss konservative Kritiker, die in Hans Sedlmayr ihre Galionsfigur fanden. Er konstatierte einen »Verlust der Mitte« (1948) in der Kunst, der nur ein Symptom war für eine in Schieflage geratene Epoche. Seine eigene exzentrische Gegenwart schien ihm maßlos. Mit »entartet« brandmarkten und verbannten die Nationalsozialisten moderne Kunstwerke, weil sie nicht der natürlichen Ordnung entsprangen, also der Idee, die sie davon hatten.

Die Konsumpsychologie nutzt die Mittevorliebe vieler Menschen aus. Marken- und preisintensive Produkte werden in der mittleren Regalhöhe platziert. Der Kunde hat sie sogleich vor Augen, muss sich nicht bücken oder strecken, weshalb die Wahrscheinlichkeit größer ist, dass er zugreift. So genannte Preisanker bauen auf das im Hirn aktive Billig-teuer-Schema – und verändern es. Nehmen wir eine Weintheke. Werden zwei Produkte für 4,95 und 9,50 Euro angeboten, wählen die meisten Menschen den preiswerten Wein, weil der teurere mental als »(zu) teuer« etikettiert wird. Fügt man nun einen dritten Wein mit viel höherem Preis, sagen wir 24,95 Euro, hinzu, verschiebt sich die Bewertungsskala. Viel mehr Kunden entscheiden sich nun für den 9,50-Euro-Wein, weil sein Preis in der Mitte liegt und vernünftig kalkuliert erscheint. Sie fühlen sich sicher in ihrer Wahl. Aufgrund dieser Tendenz zur Mitte achten Sozialwissenschaftler beim Design von Umfragen darauf, keine mittlere Antwortoption einzubauen. Eine »teils/teils«-Möglichkeit suggeriert dem Befragten, besonders fair und ausgewogen zu antworten, was den Aussagewert der Umfrage verringert.

Die Rechtfertigung einer »ausgewogenen« Diskussion führt in Talkshows regelmäßig zur Einladung zweifelhafter Gäste – wenn etwa Rechtspopulisten zur Primetime im TV sagen, ihre Meinung nicht mehr artikulieren zu dürfen. Darauf wird zurückzukommen sein bei der Diskussion der Extremismustheorie. Aber hier verbirgt sich eine philosophische Spur, die des Dialektischen und Vermittelnden zwischen These und Antithese. Das funktioniert natürlich nicht am simplen Beispiel, es braucht Abstraktheit. Denn worin der Gewinn liegen soll, dass bei der Frage, ob 4 + 4 nun 8 ergibt oder 6 und beide Positionen ein bisschen Recht erhalten sollen, erschließt sich nicht. Man will sich da nur mit Unbehagen auf 7 einigen. Laut Roland Barthes bildet das Zentrum in der Philosophie seit der Antike den »Ort der Wahrheit«.[114] Eine kleine Metaphysik der Mitte bestätigt das. Seit Aristoteles baut die Logik auf das Mittelglied, ohne das ein Schluss nicht zulässig ist. Dieses Mittelglied verbindet die Prämissen. Wenn es heißt: »Menschen sind sterblich« und »Griechen sind Menschen«, kann man aufgrund des Mittelglieds »Menschen« schlussfolgern: »Griechen sind sterblich.« Auch damals schwang schon Versöhnung als oberstes Prinzip mit, wenn es bei Aristoteles heißt: »Alle sind allen irgendwie entgegengesetzt. Die Extreme sind sowohl der mittleren Verhaltensweise als einander entgegengesetzt; die Mitte aber den Extremen.«[115] Genauso suchte Francis Bacon 1.800 Jahre später mit Herausbildung der modernen Wissenschaft die Mitte zwischen Rationalismus und Empirismus. Transzendentalphilosophen beanspruchten sie im Versuch, konträre Positionen zu versöhnen. Widersprüche zu amalgamieren, verfolgte insbesondere Immanuel Kant mit seiner synthetischen Philosophie. Da scheute er auch nicht, von der »ungeselligen Geselligkeit« des Menschen zu sprechen – und erntete von Arthur Schopenhauers Spott, mit einem »hölzernen Eisen« zu argumentieren.[116] Im Für und Wider um die Aufklärung erklärte ein Protagonist: »Das Recht ist also zwischen den streitenden Parteien geteilt. Die Wahrheit liegt auch hier in der Mitte.«[117] Und Jean-Jacques Rousseau bezeichnete den Streit zwischen den Enzyklopädisten und Jesuiten als »extrem«, weil keine Partei eine mittlere Position anstrebe.

Philosophisch war die Mitte bei Georg Wilhelm Friedrich Hegel nicht nur eine Vermittlung zwischen den »Extremen«: »Die Mitte enthält alle Bestimmtheiten«.[118] Das kommt auch in seiner abstrakten Staatsphilosophie, ja: Idealstaatslehre, zum Tragen, wenn es heißt: »[A]ber ist das Allgemeine (Staat, Regierung, Recht) die substantielle Mitte, in der die Individuen und deren Befriedigung ihre erfüllte Realität, Vermittlung und Bestehen haben und erhalten«.[119] Der vernünftige Verfassungsstaat erscheint hier auf geradezu utopische Weise als Einheitsstifter. Aber auch Philosophen jenseits des Platonismus- oder Idealismusverdachts konnten von der Mitte nicht lassen. Ein Ethos der Mäßigung pflegten Michel de Montaigne ebenso wie John Locke, Adam Smith, John Stuart Mill und Alexis de Tocqueville. Sie waren auf praktisch-pragmatische Art an »realistisch« umsetzbaren Staats- und Wirtschaftsformen interessiert. Ihre Ausführungen über positive und negative Freiheiten, Grenzen und Möglichkeiten des Marktes sowie die Gewaltenteilung, beziehungsweise was Interpreten daraus destillierten, prägten das, was man ein liberales Weltbild nennt. Also eines, das eben nicht extrem, sondern mittig ist. Ihre Ideen eines weitgehend zurückhaltenden Bürgerstaats, der jenseits eines den Individuen garantierenden Handlungsrahmens vor allem durch Absenz glänzt, könnte konträrer zu Platon und Hegel nicht sein. Aber auch diese »praktischen Philosophen« greifen zum Mittemotiv. Das ist ein deutlicher Hinweis darauf, dass es eben nicht ein einziges Konzept der Mitte als Geländer gibt, an dem sich das Denken über die Jahrhunderte entlang hangelte, sondern vielmehr aufgrund ihrer Ambivalenz die Mittemotivik so viele und immer wieder neue Blüten treibt.

Ruhestörung: Exzentrik als Gefahr

Die Mitte bewohnt das Innen und nicht das Außen, ihre Mitglieder sind Zugehörige und nicht Fremde.[120]

Von Sedlmayrs Untergangsfantasie »Verlust der Mitte« hörten wir. Ihr Untertitel verdeutlicht die Stoßrichtung: »Die bildende Kunst des 19. und 20. Jahrhunderts als Symptom und Symbol der Zeit«. Die dort gezeichnete Verfallsgeschichte beinhaltet einen an Vergangenem orientierten Pessimismus. Die Epoche hätte jedes Maß verloren und der europäische Humanismus sei im Niedergang, erklärte Sedlmayr mit Hinweis auf Blaise Pascals Bonmot vom Verlassen der Mitte als Verlassen der Menschlichkeit. Als Warnung vor dem Nationalsozialismus kann man diese konservative Argumentation nicht verstehen – Sedlmayr trat schon 1930 der NSDAP bei. In einer Welt aus den Fugen kann die Mitte allerdings auch nachvollziehbar ein Hoffnungsschimmer sein, Linderung und Heil verheißen. Und wenn es die Sehnsucht nach einem Ort der Ruhe ist, wie ihn der Politiker Carlo Schmid in der Großstadt nicht fand: »Berlin konnte kein Ort der Gelassenheit des Geistes und der Sinne sein; keine ›Mitte‹«.[121] Mitte ist der Gegensatz von Dynamik und Fortschritt. Man kann das negativ verstehen als Stillstand und Lähmung, aber auch als Reserviertheit gegenüber der Überforderung durch Veränderung. Alles soll so bleiben, wie es ist, in dem Zustand, in dem man sich eingerichtet hat. Das kommt zum Ausdruck, wenn in Debatten um Minderheitenrechte »Normalität« als gefährlicher Operator ins Spiel tritt, wie einige Seiten weiter zu erörtern sein wird.

Das Verlangen nach Ruhe mag spießig wirken, als Rückzug in ein Biedermeier-Idyll. Nachvollziehbarer wird die Suche nach einem kleinen bisschen Sicherheit angesichts der unsicheren Umstände, in denen die Menschheit oder große Teile davon die meiste Zeit lebten und leben. Der absolutistische Staat eines Thomas Hobbes erschien ihm erstrebenswert vor der Folie eines tobenden englischen Bürgerkriegs. Um den Naturzustand, den »Krieg aller gegen alle«, zu befrieden, müsse die Gewalt zentralisiert und eine Zentralmacht eingesetzt werden, folgerte der Philosoph. Am Anfang der Frühen Neuzeit, die nicht nur Zeit des Aufbruchs, sondern auch des Umbruchs, der Verheerungen und Revolutionen war, wurde die Idee der konzentrierten Gewalt in der politischen Philosophie populär. Die Herausbildung von Zentralstaaten gilt als Kennzeichen der europäischen Neuzeitgeschichte. Dass gerade in solch beunruhigenden Zeiten Mitte und das mit ihr assoziierte Maß der Sicherheit begehrenswert sind, ja: gar etwas Utopisches haben, ist nicht überraschend. Denn Angst essen Seele auf. Das stand schließlich auch am Anfang dessen, was uns als »abendländische Philosophie« bei den im historischen Halbdunkel bleibenden Sieben Weisen der griechischen Antike begegnete. Das Forschen nach Behütetheit, Maß und Mitte als roten Lebensfaden zu finden, war ein philosophischer Antrieb, wie Ernst Bloch in »Prinzip Hoffnung« anmerkte: »Es sollte eben der menschliche und dingliche bon sense zugleich sein, in wünschbarster Weise. Es sollte der Einstand des Zeigers in der Waage der Umstände sein, der ordentliche Wandel, wo sich gut sein läßt. […] Es fällt da anziehenderweise mit dem wahren Sein selber zusammen, als dem Land des Einfachen, das immer zwischen Extremen sich faßt. Wonach das Wahre sich auf das beschränkt, was sich dauernd ins Rechte denkt und es als gute Welt ist.«[122]

Bemerkenswerter als Sedlmayrs Kulturunbehagen ist »Das Wagnis der Mitte«, Felix Weltschs Versuch, den Zeitgeist zu bändigen. Im Jahr 1936 veröffentlichte der Philosoph seine Betrachtungen. Überall, von der Wirtschaft bis zur Kunst, entdeckte er nur radikale Positionen und hielt ihnen die Mitte entgegen. Es ist eine eigentümliche Schrift, die trotz aller Kritik und Vorahnung einigen Optimismus enthält: »Die Mitte ist kein Besitz, sondern eine Aufgabe. Nur das Negative, das Böse und die Abwehr des Bösen ist gewiß; das Gute aber liegt im Dunkel des zu Schaffenden. Auf diesem Weg ins Ungewisse liegt auch die schöpferische Mitte. Nicht von der Sicherheit der Mitte war hier die Rede, sondern vom Wagnis der Mitte.«[123] Auch der Soziologe Emile Durkheim lobte die Maß haltende Gesellschaft und das »mittlere Glück«, das die »gleiche Einheitlichkeit und die gleiche Qualität wie der Mitteltyp der Gesellschaft«, namentlich der »Durchschnittsmensch«, habe.[124]

Mitte behauptet sich bis heute als Platz von Sicherheit und Beständigkeit. Nicht Elite will man sein, sondern Mittelschicht und sich in dem politischen Lager befinden, wo man alle oder wenigstens die Mehrheit der Bürger vermutet. Da schlägt nichts ins Extreme aus, hier ist der Ort des gelingenden Lebens, der vorm Exzentrischen und den Exzentrikern schützt. Gefährlich erscheint die Exzentrik nicht nur für die Gemeinschaft, selbst individuelle Körper bedroht sie. Die erwähnte Viersäftelehre baut auf dem Grundprinzip Gleichgewicht auf: Krankheiten lösen ein Ungleichgewicht von Blut, Schleim, Gelb- und Schwarzgalle aus. Ihre vier möglichen Mischungsverhältnisse verursachen die vier unterschiedlichen Temperamente des Menschen. Auf eine innere Gleichgewichtsstörung als Krankheitsursache bauen auch angebliche Alternativtherapien wie die Bachblüten-Methode. Zum anthropologischen Prinzip verallgemeinert Blaise Pascal das Balancemodell: »Dieser Zustand, der die Mitte hält zwischen den Extremen, findet sich in allen unsern Kräften. Unsre Sinne fassen, findet sich in allen unsern Kräften. Unsre Sinne fassen nichts Extremes. Zu viel Lärm macht uns taub, zu viel Licht blendet uns, zu viel Entfernung und zu viel Nähe verhindern das Sehen, zu viel Länge und zu viel Kürze verdunkeln eine Rede, zu viel Freude wird lästig, zu viel Consonanzen mißfallen. Wir fühlen weder äußerste Hitze noch äußerste Kälte.«[125]

Heftig würde da Helmuth Plessner widersprechen, ein Vertreter der Philosophischen Anthropologie. Bei ihm wird Exzentrik gerade zum Ausweis des Menschseins. Im Gegensatz zum Tier ist der in seine Leibgrenzen eingelassene Mensch weltoffen. Er nimmt sich selbst wie seine Umwelt wahr und muss sich dazu positionieren. Er ist entmittet, weil er aus exzentrischer Perspektive handeln und sich verhalten muss. Sind Tiere zentrisch, also haben einen inneren Antrieb, ohne ihn reflektieren zu können, so macht das Selbstbewusstsein den Menschen schlechthin aus. Er kann quasi neben sich stehen, erst durch die Kultur – seine zweite Natur – ist er befähigt, die Welt zu meistern. Das geschieht, wie Plessner einsah, permanent durch Grenzziehung. Der Mensch muss sich trotz aller Offenheit Differenzstrukturen schaffen, sie dürfen nur nicht zu verfestigt werden. So warnte der Philosoph vor den »Grenzen der Gemeinschaft«, die ausschließen, wenn sie zu eng um die Mitte als Bannkreis des Exklusiven gezogen werden. Wie ebenso Michel Foucault festhielt: »Die Erfindung des Sozialen ist nicht zu trennen von der Entdeckung der ›Perversen‹, ›Degenerierten‹ und ›Extremisten‹, die ständig auf eine Norm verweisen, die sie definiert und eine Regel, deren Ausnahme sie repräsentieren«.[126]

Exkurs: 0815 – Kritik der Mittelmäßigkeit

Elmshorn. Supernormal[127]

Der gesellschaftliche Durchschnitt und seine Regierbarkeit haben nicht nur Freunde. Immer wieder wurde die Mitte als

Mittelmäßigkeit und lahmer Durchschnitt aufs Korn genommen. So schüttete der Miesepeter-Philosoph Arthur Schopenhauer allerlei galligen Spott über das mediokre Denken aus, das er seinen Zeitgenossen attestierte. Als Parodie gegen die bürgerlichen Tugenden verwendet Frank Wedekind das Mittelweg-Motiv im »Lied vom gehorsamen Mädchen«: »Verlier dich von dem Lebenspfad / Nie seitwärts ins Geheg. / Geh immer artig kerzengrad' / Den goldenen Mittelweg«.[128] Geradezu als Warnung schrieb Barockdichter Friedrich von Logau: »In Gefahr und grosser Noth / Bringt der Mittel-Weg den Tod«.[129] Durch Friedrich Nietzsches Werk zieht sich die Verachtung des Bildungsbürgers beziehungsweise Philisters, der lediglich kanonisches Wissen wiederkäuen kann, aber nicht zu kühnem Denken fähig ist. Der Mensch ist in Konventionen, Sitten und Traditionen gefangen, aus denen er sich befreien müsse, um seine Persönlichkeit entwickeln zu können. Es ist dieser Gedanke, der Nietzsche zum Influenzer machte, der von der Lebensphilosophie bis zum Poststrukturalismus, vom Expressionismus bis zur Psychoanalyse als Inspirationsquell diente. Und natürlich auch für Faschisten und Nationalsozialisten, die freilich Nietzsches Ablehnung von Nationalismus, Deutschtümelei und Antisemitismus ignorieren mussten.

»Wir wollten alle sterben oder Helden sein – ein Mittelding gab es nicht mehr«, fasste der Dramatiker Peter Martin Lampel die Kriegseuphorie 1914 zusammen.[130] Natürlich spricht aus der tödlichen Aufbruchstimmung die Selbstheroisierung beziehungsweise Selbstillusion, bloß kein Mittelmaß zu sein. Die Realität auf dem Schlachtfeld war eine ganz andere. Aus der Distanz des Lesenden erscheint die Idealisierung des Krieges à la Ernst Jünger aufregend, weil hier angeblich der wahre Charakter des Individuums jenseits des Normalbürgeralltags sichtbar wird. Es ist diese inszenierte oder gefühlte Mittelmäßigkeit, die den Einzelnen zum Abheben ansporne und im Grunde bis heute bunte Blüten treibt.

Das war besonders in der Weltkriegszwischenzeit der Zwanziger Jahre zu erleben, als in den Künsten experimentiert wurde wie nie, man aber auch politische Sprengsätze legte, die nur wenig später zündeten. Die Nationalsozialisten gaben sich allen voran als radikale Partei, die mit dem Bürgerlichen brechen wollte; was mehr Gestus war, der aber verfing. Adolf Hitler – er sei hier nur paraphrasiert – erklärte, dass das Extreme der Wesenskern des NS sei, man müsse fanatisch sein, um die politischen Ziele zu erreichen, mit Bedenkenträgern sei die Bewegung nicht zu machen. Es waren dann »Ganz normale Männer« (Christopher Browning) und Frauen, die Rassenwahn und Vernichtungskrieg bedenkenlos trugen und ausführten.

Der Krieg ist auch Vater aller DIN-Normen, kann man frei nach Heraklit sagen. Tatsächlich erfuhr das Normenwerk seine Geburt im Ersten Weltkrieg. Einheitliche Standards dienten der erleichterten Materialbeschaffung. Die erste DIN-Norm definierte den Kegelstift, der vielfacher Behauptung nach für das Maschinengewehrmodell 08/15 vorgesehen war. Das sei nicht belegt, kontert das DIN-Institut. Wer will schon deutsche Ingenieure im Zusammenhang mit Krieg gebracht sehen? Von diesem Gewehr jedenfalls leitet sich die Redewendung Nullachtfuffzehn ab, die ihrerseits für etwas Normiertes, nichts Besonderes steht. Eine der bekanntesten Volten gegen den 0815-Menschen enthält Hermann Hesses »Der Steppenwolf«. Der Kleinbürger, so das Urteil, versuche, »in der Mitte zwischen den Extremen sich anzusiedeln«. In dieser »gemäßigten und bekömmlichen Zone ohne heftige Stürme und Gewitter« verzichte er auf jene »Lebens- und Gefühlsintensität, die ein aufs Unbedingte und Extreme ausgerichtetes Leben verleiht.« »Das ›Bürgerliche‹ nun als eine stets vorhandener Zustand des Menschlichen, ist nichts andres als der Versuch des Ausgleichs, als das Streben nach einer ausgeglichenen Mitte zwischen den zahllosen Extremen und Gegensatzpaaren des menschlichen Verhaltens.«

Sich bequem einzurichten, nehme dem Lebensgefühl jede Kraft. »Intensiv leben kann man nur auf Kosten des Ichs.«[131] Diese Worte bewegten Teile mehrerer Generationen. Eine Rockband benannte sich nach dem Buch und feierte Erfolge mit »Born to be Wild«. Kein Stino, nicht stinknormal zu sein, wurde zur Feierabend- und Wochenendablenkung von vor allem jungen Menschen. Der inszenierte Nicht-Mittelmäßigkeit kam schließlich derart in Mode, dass Rainald Grebe bewegt war zu singen: »Alle sehen gleich aus, so individuell.« Und das verrät ja auch der Blick hinter die Kulissen der Aufmerksamkeitskultur, wo sich selbst hinter den exzentrischsten Figuren überwiegend Langeweile versteckt. Das Publikum braucht aber solche Stars und eine schillernde Freizeitgestaltung, um das Mittesein aushalten zu können.

Sozialer Kitt: Versprechen der Mitte

Die Mitte der Gesellschaft erscheint wesentlicher als das Ganze, dessen Teil sie doch ist.[132]

»Die erschöpfte Mitte«, »Die Mittelschicht schrumpft, die Politik schaut zu«, »Mitte unter Druck«, »Zwischen Erosion und Erneuerung«, »Stirbt die Mitte?« oder bricht gar die Gesellschaft zusammen: »Stirbt die Demokratie?« »Die Auflösung der Mittelschicht und ihre Konsequenzen« werden in wiederkehrenden Schüben in Politik und Feuilleton diagnostiziert.[133] Die gefährdete, kränkelnde Mitte ist ein vortreffliches Symbol für die Angst vor jeder Veränderung. Schwächelt sie, droht das ganze Land zugrunde zu gehen. Denn diese Mitte ist der Träger, ja das Rückgrat, auf dem die Gesellschaft aufgebaut ist. Wie auf Atlas' Schultern der Erdball ruht, so ist die Mittelschicht die tragende Säule Deutschlands. Diese Überzeugung herrscht allgemein vor. Merkwürdig ist allerdings, dass niemand so genau weiß, was konkret diese Mitte ist und wer die Mittelschicht ausmacht. Sie ist nicht zu greifen, nicht klar zu definieren, was gleichzeitig ihre Attraktivität erklärt. Mit der Behauptung, Mitte zu sein, lässt sich gut Politik machen und können andere Positionen und Parteien an den Rand geschoben und abgekanzelt werden. Durch diese Überbetonung gedeiht die Mitte zur integrativen Kraft, die die soziale Welt im Innersten zusammenhält. Weil in ihr sozialer Ausgleich herrscht, ist die Gesellschaft einigermaßen gerecht, so der Mythos. Sie ist Motor der wirtschaftlichen wie gesellschaftlichen Entwicklung und stabilisiert den Staat auch durch ihre Lebensführung, so die Überzeugung.

Die Vorstellung der harmonisierenden Mittelschicht wird nicht nur durch das antike Vorbild der Polis-Mitte plausibel. Die Mittelschicht zieht auch Kraft aus der Betonung des Mittelstands als gesellschaftliche Lokomotive, der ihr historisch vorausgeht. Mit solch einer sozialen Mitte verwechselt oder absichtlich mit ihr gleichgesetzt wird eine politische Mitte. Hier situieren sich die vermeintlich unpolitischen Bürger und es ist dieser Ort, um den die Parteien streiten. Natürlich ist Mitte im Politischen ein vortrefflicher Begriff, weil er vieles meinen kann. Bezieht man ihn auf eine Vertikale, dann kann der Begriff als Maß für Einkommen und sozialen Rang dienen. Mitte als Raummetapher fürs Soziale bezeichnet das Zentrum einer Gesellschaft und erzeugt als umkränzter Symbolraum Zugehörigkeit genauso wie Fremdheit. Dass er dabei ein leerer Begriff, ein leerer Signifikant bleibt, schadet der Mitteidee gar nicht – im Gegenteil. »Dieses symbolische Gebilde wird dann oft zusätzlich abbildtheoretisch als Modell einer direkten Entsprechung gesellschaftlicher Realität mißverstanden«, riet der Sprachwissenschaftler Siegfried Jäger davon ab, sich vom Modell gesellschaftlicher Mitte missleiten zu lassen. Denn erst ein solcher Entwurf stellt soziale Wirklichkeit her. »Das symbolisch-politische Modell der Gesellschaft, das im Bewußtsein der Bevölkerungen westlicher Industriegesellschaften durchweg fest verankert ist, dient diesen dazu, einer gegebenen gesellschaftlichen Wirklichkeit Bedeutungen zuzuweisen. Auf diese Weise kann ein Bild der gegebenen Gesellschaft entworfen werden, das diese als völlig normal unterstellt, so unnormal und menschenverachtend sie in vielen Hinsichten auch sein mag. Die ›Mitte‹ aber signalisiert zugleich Normalität, so daß alle politischen Handlungen, die aus der ›Mitte‹ heraus geschehen, als normal erscheinen müssen. Zu einer solchen Normalität der Bundesrepublik Deutschland Mitte der 90er Jahre gehört inzwischen etwa die 1993 erfolgte faktische Abschaffung des Asylartikels (Art. 16 GG), die an sich ein völkisch-nationalistischer Akt ist, der aber, da von den Parteien der Mitte vollzogen, als Akt der ›Mitte‹ und somit als demokratisch erscheint.«[134]

Die Mitte hilft außerdem, Menschen zu mobilisieren, ihnen vieles und noch mehr abzuverlangen. Man kann das am Hartz-IV-Komplex beobachten, wo einerseits von einer behaupteten Mittelschichtsposition aus Ressentiments gegen als Schmarotzer diskriminierte Leistungsempfänger geschürt wurden. Zugleich trieb der Hang, dazugehören zu wollen, Menschen in unwürdige Beschäftigungsverhältnisse. Bloß nicht am Rand stehen oder ganz unten sein. Mitte verlockt auch zum Anrufen des großen Kollektivs wie »Mehrheit« oder »Volk«, worin nicht nur die Gefahr des Konformitätsdrucks nach innen besteht. Wer Geborgenheit in einer überschaubaren Gruppe, unter der Standarte der Horde und mit der Sippe ums Lagerfeuer sucht, grenzt sich nicht nur ab, sondern andere aus. »Wer sich auf die Mitte beruft, sollte das nicht leichtfertig tun«, so Paul Nolte. Und damit hat der konservative Historiker zur Hälfte Recht. »Denn er stellt sich damit in eine Tradition der Beschreibung von Politik und Gesellschaft, die immer auch ideologische Funktionen erfüllen sollte und manches Mal politisch missbraucht worden ist.«[135] Dennoch hält es Nolte für möglich, eine Mitte sinnvoll füllen zu können. Auch er ist der Verlockung der Mitte trotz aller Vorsicht erlegen.

Kraftzentrum: Der Mittelstand

dritter Stand = Nation[136]

Die Idee eines sozialen Zentrums, eines Herzes der Gesellschaft, wird gemeinhin als junges Phänomen, als eines der Moderne angesehen. Allerdings gab es eine solche Vorstellung – wie oben angerissen – bereits in der Antike und kehrte mit der Frühen Neuzeit wieder: als Mittelstand. Die Verwendung des Wortes kam in der zweiten Hälfte des 17. Jahrhunderts auf und wurde hundert Jahre darauf allgemein gebräuchlich. Immanuel Kant nutzte es zur Beschreibung eines Mittezustands, der an altes Maß-Denken erinnert, wenn er rhetorisch fragte: »Gehört nicht ein gewisser Mittelstand zwischen der Weisheit und Unvernunft zu der unglücklichen Fähigkeit, sündigen zu können?«[⊠] Auf Vermögen, Besitz wie Sittlichkeit bezogen, ging »Mittelstand« in den allgemeinen Wortschatz ein, wobei soziale Aspekte zunächst ausgespart blieben. Diese rückten schließlich ab dem späten 18. Jahrhundert ins Bedeutungszentrum, »Mittelstand kommt als positive Bezeichnung für die gesellschaftlichen Mitte in Gebrauch. Dabei zeichneten sich zwei Fluchtlinien – »idyllisch oder dynamisch« – ab, so der Historiker Werner Conze. Einerseits beinhaltete der Begriff eine Dynamik, weil es die Menschen dieses Standes vermögen, »ihr mäßiges Glück höher zu treiben«.[138] Die Mitte wurde als Menge der besten Köpfe angesehen, die zum größtmöglichen Glück zu streben fähig sind. Neben dem Ehrgeiz und dem bürgerlicher Willen zum Aufstieg waren auch Genügsamkeit und Bräsigkeit Inhalt des Mittelstandsbegriffs, was seine idyllische Komponente ausmachte.[139] In einem Gedicht wird das anschaulich:

»Vergnügte Tage findet man,
Woferne man sie finden kann,
Nicht auf dem Thron und nicht in Hütten.
Kannst du vom Himmel es erbitten,

So sei dein eigner Herr und Knecht;
Dies bleibt des Mittelstandes Recht«[140]

Der Erfolg des Wortes »Mittelstand« zeigt das Bedürfnis eines Bevölkerungsanteils an, sich in einer veränderten Gesellschaftsordnung wahrzunehmen und in ihr als eigene Gruppe abzuheben. Die klassische vom Mittelalter bis in die Neuzeit wirksame Ordnung der Rechtsstände hatte keinen Gebrauchswert für eine solche gesellschaftliche Mitte. Die Hierarchie von oben und unten stand nicht in Frage, weshalb es einer eigenen, vermittelnden Schicht zwischen Bauern und Tagelöhnern auf der einen Seite und dem Adel auf der anderen Seite einzuziehen nicht bedurfte. Denn die Gruppen wurden nicht als Extreme angesehen, sondern als gottgegeben. Jeder hatte seinen vorbestimmten Platz in der Ständeordnung, die im Ganzen als normal angesehen wurde. Aus welchen Gründen hätte man da eine Gruppe als besonders herausheben sollen – zumal man die Gesellschaft damals nicht als geschichtet wahrnahm? So konnte sich die Mitteidee trotz der weiteren Tradierung und anhaltenden Popularität der Aristoteles-Schriften im Gesellschaftsbild nicht durchsetzen. Das änderte sich erst, als es im vertrauten Gesellschaftsgefüge knirschte.

Mittelstand bot sich in der Zeit bürgerlicher Emanzipation ab dem 18. Jahrhundert zur Selbstetikettierung an. Allerdings war er damals genauso ein Kaugummi-Begriff, wie es Mittelschicht und politische Mitte heute sind: Das heißt, er war nach Belieben dehnbar. Einerseits beinhaltete er die idyllisch-romantische Idee des genügsamen Bürgers, andererseits des Tüchtigen und Aufstiegswilligen. Behäbigkeit und Ehrgeiz fanden Platz unterm Mittelstandsschirm. Dieser Widerspruch wurde nicht aufgelöst, sondern erwies sich im Gegenteil als Vorteil für die erfolgreiche Etablierung der Mittelstandsvorstellung. Die imaginierte Idealgemeinschaft, der gute Kern der Gesellschaft residierte in der Mitte. In den damaligen bürgerlichen Anschauungen wurde der Mittelstand zur eigentliche Gesellschaft, die sich vom überlebten Adel und den Besitzlosen abgegrenzte. Man brachte es auf die Formel: »dritter Stand = Nation«. Der Begriff wurde in Aristoteles-Übersetzungen aufgenommen, die ihrerseits seinen Karriereschub bewirkten. Er verfügte ja nun über 2.000 Jahre alte Autorität. »›Mittelstand‹ galt daher als *im wahren Verstande des Wortes* als *das Volk*, das als *Mittelstand* das spezifisch Nationale, *die Mannigfaltigkeit und Verschiedenheit der Nationen* darstellte«.[141] Weil Nation und Kultur zusammengehören, nannte ihn Friedrich Schiller euphorisch »Schöpfer unserer ganzen Kultur«.[142]

Den Aspekt der Tugendhaftigkeit – Arbeitsamkeit, Fleiß etc. –, goss man auch in ein staatspolitisches Verständnis und erhöhte den Mittelstand zum sittlichen Herz der deutschen Nation. Im Gegensatz zu anderen Staaten, etwa der *middling sort* in England, findet in den deutschsprachigen Ländern eine moralische Verblendung in Bezug auf die soziale Schichtung statt, die den Mittelstand als Wesenszentrum der (kommenden) Nation imaginiert: in seiner Rechtsphilosophie etwa erklärte Hegel ihn zum »Bewußtsein des Staates«, der »die Grundsäule desselben in Beziehung auf Rechtlichkeit und Intelligenz« ausmacht.[143] Aus einem solchen Verständnis resultierte jener bürgerlich-moralischer Begriff liberaler Prägung, der sich in der 1848-Revolution Bahn brach. Die Nation sollte endlich zu sich selbst kommen, weshalb die Parole galt: alle Macht dem Mittelstand. Diesem Aufbruchsgedanken widersprach nur auf den ersten Blick das Lob des Beamtenstaats. Denn die Beamten zählten zum Mittelstand dazu, weshalb ihm insgesamt das bei Hegel erwähntes Staatsbewusstsein innewohnte. Ausdruck findet das in der besonderen Betonung und Pflege der Bildung und auch nach dem revolutionären Scheitern blieb der gebildete Bürger der Idee nach das Rückgrat des Staates. Der Mittelstand wurde die Bewegung der Liberalen, »der bürgerliche

Mittelstand [ist] die Pflegestätte aller Freiheit«.[144] Um sich gegen andere politische Bewegungen – »links« und »rechts« verortet – abzugrenzen, wurde die eigentlich im vertikalen Verständnis benutzte Mittelstandsbezeichnung schließlich auch horizontal eingesetzt – damit weiter politisiert und normalisiert. Zum Links-Mitte-Rechts-Schema werden wir zurückkommen.

Der Mittelstand gerann zur (politischen) Norm, insgesamt aber blieb er als Begriff nicht nur im 19. Jahrhundert opak und unscharf genug, um als gefühlsbestimmte Zugehörigkeits- und Ausschlusskategorie auch für nachfolgende Generationen funktional zu sein. So war der Mittelstand für die bäuerlichen Selbstständigen und für die in Handwerk und Kleinhandel tätigen Meister und Geschäftsinhaber Bezugsgröße für ihre Standortbestimmung. Für die Angestellten blieb er Verheißung und Fluchtpunkt. In ihren bürgerlichen Organisationen setzten sich konservative bis reaktionäre Positionen durch, auch wenn man sich eigentlich gar nicht als politisch verstand. Man verkörperte schließlich die Normalität, ergo: das Bürgertum. Dieses Selbstverständnis manifestierte sich auch im aufkeimenden Vereinswesen. Statt Parteigruppierung – die zwischenzeitlich ohnehin verboten war – zur Bekundung ihres politischen Willens setzten die bürgerlichen Schichten auf den Verein als Organisationsform. Er war ein geschützter Ort, eine »kleine Republik« – ein Medium, in dem sich »eine politisch mündige Öffentlichkeit im doppelten Wortsinne heran*bildete*, die mit ihrem Vernunftanspruch die überkommene Ständeordnung und den Obrigkeitsstaat unter Legitimationsdruck setzte.«[145] Homogen war der Personenkreis, der sich im Verein zusammenschloss, eben die als Mittelstand geltenden Gebildeten und Akademiker: Ärzte, Pfarrer, Professoren, Beamte. »Organisierte Geselligkeit«[146] nennt ein Historiker das bürgerliche Vereinswesen treffend. Der Verein zeichnet sich durch eine Mischung aus Vergnügung und Interessenverfolgung,

Stammtischkultur und gegenseitiger Unterstützung aus. Die Kombination aus dem Wissen, ökonomische Stütze des Staates zu sein, und dem gelebten Gemeinschaftsgeist im Verein erzeugte ein einigendes Selbstbewusstsein des Mittelstandes. Dieses wird beispielsweise fassbar, wenn auf dem Evangelisch-Sozialen Kongress um 1900 ein Redner resümierte, »daß die volkswirtschaftliche Entwicklung der Neuzeit nicht mit innerer Notwendigkeit zur Auflösung eines für die Vermittlung sozialer Gegensätze wichtigen und für das sittlich-religiöse Volksleben erfahrungsmäßig hochbedeutsamen Mittelstandes führen müsse, daß vielmehr zwar gewisse Teile das bisherigen Mittelstandes voraussichtlich verschwinden, dagegen andere sich erhalten und neu sich bildende die alten niedergehenden ersetzen werden.«[147] Das drohende Verschwinden dieses gedachten sozialen Vermittlers war damals ein Thema, wie heutzutage die Mittelschicht als von Schrumpfung begriffen beschrieben wird – oder besser die Furcht vorm Verschwinden der Mittelschicht. Und doch hielt sich der Glauben, dass eben andere Bevölkerungsteile den Mittelstand mit neuer Kraft erfüllen könnten und seine Funktion als Träger von Wirtschaft und Ordnung aufrechterhalten bleibe. Schließlich war der Staat ohne Mitte nicht zu denken. In Wahrheit war damals schon eine Entwicklung spürbar, nämlich die Etablierung eines neuen Mittelstandes, der den alten unterwanderte und veränderte. Vor allem die neuen unselbstständigen Berufe, das Heer der Angestellten, drängten unter den Schirm des Mittelstandes. Wiederum barg die Mitte Teilen der Gesellschaft ein Versprechen auf Ansehen und Zugehörigkeit.

»Man wird sagen, diese Schicht sei aber doch sehr groß und wiege im sozialen und politischen Leben recht schwer. Sehen wir sie uns – ohne das zu leugnen – einmal an! Wer gehört zum Mittelstand.«[148] Mit diesen Worten begleitete der Soziologe Theodor Geiger 1930 seine Kritik der Mittelstandstheorie. Für ihn war »Mittelstand« nicht mehr als ein Verlegenheitsbegriff, um all jene Menschen zu erfassen, die nicht auf Seite der Vermögenden und nicht auf Seite der komplett Unvermögenden standen. Es war sozusagen ein Sandwichbegriff, aus dem sich dann in der Bundesrepublik die Mittelschicht als ideologisches Rückgrat herausbilden sollte. Und erneut wurde die Mitte hierbei nicht aus sich selbst heraus bestimmt, sondern von den Rändern her. »Rechenbar sind also nicht Schichten«, schreibt Geiger, »sondern die typischen Rekrutierungsfelder ihrer Anhängerschaft, nicht die Vertreter eines physischen Habitus, sondern die nach wahrnehmbaren Merkmalen ausgelesenen Existenzen, die für den Habitus prädestiniert sind.«[149] Der Maßstab für den Mittelstand war demzufolge nicht rein ökonomischer Natur, noch betraf er die Produktionsverhältnisse: Über Einkommens- und Vermögensverhältnisse ließ sich nicht klar bestimmen, wer denn genau zum Mittelstand zählte. Darum wurden vermutete Überzeugungen und an den Tag gelegtes Gehabe zu Charakteristika, an denen man die Zugehörigkeit feststellte.

In der ersten Hälfte des 20. Jahrhunderts formierte sich schließlich ein neuer Mittelstand beziehungsweise übernehmen andere Berufsgruppen diese zuvor für wohlhabende Bürger wie Industrielle und Großbauern vorgesehene Gruppenbeschreibung. Der einst fürs Besitzbürgertum gültige Begriff ging auf das Heer der lohnabhängigen Angestellten über. Dabei erfolgt zugleich ein Überschreiben der staatstragenden Funktion auf die neuen Gruppen, die dadurch in ihrer Überzeugung bestärkt werden, diese Rolle tatsächlich zu erfüllen. Angestellte, Beamte und ähnliche Nichtselbstständige begriffen sich mit romantischem Rückgriff auf das Ständesystem als eigener Stand, der natürlich die mittlere Säule der Gesellschaft bildete. Die rasch anwachsende Arbeitnehmergruppe der Angestellten war ihrer ökonomischen Lage nach dem Proletariats näher als ihren Chefs, wollte aber mit der Arbeiterschaft partout nichts zu tun haben. Soziologe und Journalist Siegfried Kracauer ätzte in seinen Betrachtungen »Die Angestellten«: »Im Lunapark wird abends mitunter eine bengalisch beleuchtete Wasserkunst vorgeführt. Immer neugeformte Strahlenbüschel fliehen rot, gelb, grün ins Dunkel. Ist die Pracht dahin, so zeigt sich, daß sie dem ärmlichen Knorpelgebilde einiger Röhrchen entfuhr. Die Wasserkunst gleicht dem Leben vieler Angestellten. Aus seiner Dürftigkeit rettet es sich in die Zerstreuung, läßt sich bengalisch beleuchten und löst sich, seines Ursprungs uneingedenk, in der nächtlichen Leere auf.«[150] Dieses Kleinbürgertum sei normiert, füg- und folgsam und voller Illusionen, so dass es das im Mittelstand enthaltene Aufstiegsversprechen unbedingt glaubte; wenn es sich nicht dem als Kunst kaschierten Amüsement hingab. Eine – repräsentative und ökonomische – starke Schicht bildeten die Angestellten hingegen nicht. Aber sie nahmen an, sie wären alle Vertreter eines Mittelstands und waren daher über diesen ansprechbar.

Das Mittelstands-Schlagwort fand schon im Gründungsjahr 1920 Aufnahme ins Parteiprogramm der NSDAP, die ja ihrem Namen nach eine »Arbeiter«-Partei sein wollte. Irgendeine politische Konsequenz oder Lehre war mit diesem Mittelstands-Bezug nicht verbunden. Gefühlte Wirklichkeiten sind wirkmächtig und man konnte mit dem Wort viele Menschen ansprechen, die sich einem Mittelstand zugehörig fühlten. Den Selbstbestätigungszweck verfolgte auch Helmut Schelskys Betonung der »nivellierten Mittelstandsgesellschaft«, auf die wir gleich zurückkommen werden. In ihrer auf Einigung abzielenden und soziale Unterschiede nivellierenden Funktion prägte die Formel die ersten zwei Generationen der Nachkriegszeit. Als »bürgerlich«, also zum Mittelstand zählend, galt 1957 laut Allensbach-Institut jemand, der »ein anständiger Mensch« und »für Ruhe und Ordnung, nicht radikal« ist.[151] Diese Funktion hat später die Mittelschicht übernommen, wie gleich zu sehen sein wird. Heute bezeichnet »Mittelstand« keine soziale Gruppe mehr, sondern vor allem kleinere und mittlere Unternehmen (KMU) – definiert nach Mitarbeiterzahl und Höchstumsatz. Im Jahr 2017 erwirtschafteten die KMU dem Institut für Mittelstandsforschung zufolge 35 Prozent des Gesamtumsatzes in Deutschland. Wegen ihrer volksökonomischen Bedeutung ist das Bemühen der Parteien um diese Unternehmen groß – zumindest rhetorisch, denn aus der tatsächlichen Politik lässt sich das nicht ablesen. Wegen des Anscheins von Neutralität hat sich aber insgesamt die »Mittelschicht« als mächtige Kategorie entpuppt, ohne die das politische Geschäft nicht auskommt. Was zuerst eine soziologische Konstruktion war, ging ins Alltagsdenken über.

Fragile Zwiebel: Die Mittelschicht

Aber winken nicht die höheren Schichten? Wie sich herausgestellt hat, winken sie unverbindlich von fern.[152]

Literarisch ist die Zwiebel die Kost einfacher Menschen, welche satt aber genügsam durchs Leben gehen. Die Zwiebel gilt aber auch als stabiles Gesellschaftsmodell, repräsentiert sie doch eine breite Mittelschicht. Oberes und unteres Ende dieses Modells sind ausgedünnt, während sich die Mitte ausbeult wie ein gut genährter Wohlstandsbauch. Dieses Zwiebelmodell, das Modell der Mittelschichtsgesellschaft, ist der Idealtypus der bundesdeutschen Gesellschaft. Denn es suggeriert, dass die wirtschaftliche Lage für die meisten Menschen gut ist, was wiederum auf eine stabile Gesellschaft schließen lässt. Gehören idealerweise zwei Drittel der Bevölkerung der Mittelschicht an, herrschen der Theorie nach keine allzu großen sozialen Unterschiede, so dass Spannungen und Verwerfungen nicht auftreten. Alle haben ihren Platz, müssen nicht darben und können sich im Gegenteil sogar etwas leisten, lautet das aus Helmut Schelkys Theorie für die Mittelschicht abgeleitete Versprechen: Für jeden bestehen Aufstiegschancen, so die Erzählung der sozialen Marktwirtschaft, dem Kapitalismus light. Die Mittelschicht wird zum Garanten des sozialen Friedens, weshalb man sich auch um sie sorgen, ihr Schwinden befürchten und vor einer zersplitternden Gesellschaft warnen muss. Denn ausgehend von der Grundannahme der Mitte als gesellschaftlichem Fundament muss ihr Schwund eine Radikalisierung bedeuten. Umgekehrt kann man der Mitte alle möglichen Werte, Haltungen und Präferenzen unterstellen, die man für eine stabilisierende Leitkultur hält. Ein Hauptproblem bleibt bestehen: Die Mittelschicht ist gar nicht so einfach zu bestimmen.

Wie im vorangegangenen Abschnitt skizziert, kam lange Zeit dem Mittelstand die Aufgabe zu, tatkräftig-tüchtig das Rückgrat des Staates zu stärken. Allmählich verschob sich die Betonung des Mittelstands zugunsten des Ausdrucks »Mittelschicht«, die schlussendlich in der jungen Bundesrepublik zur Trägerin des westdeutschen Wirtschaftswunders gedieh und sogar der Demokratie an sich. Denn ökonomische und politische Sphäre wurden miteinander verquickt. Schelskys Fünfziger-Jahre-Diagnose beschrieb das Nachkriegsdeutschland als »Nivellierte Mittelstandsgesellschaft«. Dem Buchtitel zum Trotz ging der Soziologe von einer sozialen Schichtung, nicht von Ständen aus. Der Analyse zufolge steigt ein großer Teil der Bevölkerung aus der Unterschicht in die Mittelschicht auf. Dadurch »nivellieren« sich die sozio-ökonomischen Unterschiede, jeder Mensch habe gleiche Chancen auf Karriere und Konsum. Dieses Modell entwickelte suggestive Kraft und untermauerte die Überzeugung, eine Marktwirtschaft könne sozial sein. Zugleich lieferte diese Idee des Zusammenrückens in der Mitte die Möglichkeit, über die nazistische deutsche Vergangenheit nicht mehr sprechen zu müssen. Jetzt seien die Gräben eingeebnet, werde in die Hände gespuckt und nach vorn geschaut. Dann komme der »Wohlstand für alle«, wie der damalige Wirtschaftsminister Ludwig Erhard proklamierte. Das stimmte freilich nicht, Schelkys Beschreibung bildete lediglich die

Sonderphase des Nachkriegsbooms ab. Gleichwohl hielten viele Politiker und Gesellschaftswissenschaftler an der fixen Idee einer breiten Mittelschicht fest und sprachen auch von der Zwei-Drittel-Gesellschaft. Sie wurde zum ideologischen Kern des deutschen Sonderwegs namens soziale Marktwirtschaft – und eng verquickt mit bestimmten Parteipositionen. Dieses Phantasma der Nachkriegsordnung hält sich bis heute und man muss dem Soziologen Göran Therborn unabhängig von seiner Absicht zustimmen, wenn er vom »Mittelschichten-Jahrhundert« schwärmt, das 2000 angebrochen sei.[153] Jetzt müsste man nur noch empirisch vorfinden können, worüber man theoretisch spricht.

Verschiedene Methoden werden dazu herangezogen, eine Mittelschicht einzugrenzen und über diverse Dimensionen zu beschreiben. Je nach wissenschaftlichem Zugriff können das finanzielle, soziale, kulturelle und soziokulturelle Dimensionen sein, die beispielsweise Aspekte der Bildung, den beruflichen Status, politische Einstellungen und Wertüberzeugungen einbeziehen. Eines vorweg: Plausibel ist keiner dieser Versuche. Denn das Mittelschichtsmodell basiert auf einem Fehlschluss, bei dem man voraussetzt, was man eigentlich erst finden will, also die Erkenntnis schon vordefiniert. Einfach erklärt: Man ist überzeugt, dass es eine Mittelschicht gibt, und probiert mit diesem Bild im Kopf, eine solche zu finden. Einige dieser Versuche wollen wir uns kurz anschauen, weil sie dabei helfen, eine Vorstellung von der imaginierten Mittelschicht zu gewinnen. Und dabei wird ebenfalls plastisch, warum diese für die Politik ein derart wichtiger Referenzpunkt ist, selbst wenn sie leer bleibt. Im nächsten Abschnitt wird dann zu lesen sein, wie die Mittelschicht ins Zentrum der bundesrepublikanischen Debatten geriet und zum Identitätsanker der Parteien der Mitte wurde.

Häufig operieren Verfechter der Mittelschicht mit Zahlenwerk und in aller Regel gilt diesen das individuelle Einkommen als maßgebliche Bestimmungsgröße. Demnach werden zur Mittelschicht alle Personen zusammengefasst, die anteilig über ein so genanntes Medianeinkommen oder mittleres Einkommen verfügen: Da sind etwa 1.400 Euro monatlich für Singles, 3.400 Euro für einen Drei-Personen-Haushalt. Staatliche Transferleistungen wie Wohngeld und Hartz-IV und Erträge aus Vermögen werden mit einberechnet. Je nachdem, wie weit man den Korridor um das Medianeinkommen nun herum zieht, zählen 50 bis 60 Prozent der deutschen Bevölkerung zur Mittelschicht. Das überzeugt nicht, weil das Zweidrittel-Modell dieser Berechnung zugrunde liegt. Und gewonnen ist mit dieser recht willkürlichen Feststellung ebenfalls nichts, denn von solcher Einkommensmittelschicht lässt sich wenig Konkretes ableiten und allein auf dieser Basis keine Wertpolitik machen.

Folglich mussten andere Merkmale zur Bestimmung herangezogen werden. Stellt man sich die Gesellschaft zum Bespiel als eine Art Markt vor, kann man schauen, wie und mit welchen Chancen die Individuen hier auftreten und quasi ihre Marktlage bestimmen. Letztlich geht es darum, welches »Humankapital« sie mitbringen und wie viel Kapital sie zu akkumulieren vermögen. Chancen, die das Elternhaus eröffnet, der Bildungsabschluss und die Berufsqualifikation sind hierfür maßgebliche Faktoren. Mithilfe dieser kann man dann eine Mittelschicht gruppieren, die beispielsweise alle von den Höherqualifizierten im Dienstleistungsbereich bis zum Facharbeiter umfasst. Das Problem bleibt: Klare interne Kriterien zeichnen diese Mittelschicht nicht aus, auch muss der Suchende schon wissen, was er sucht und was er herausbekommen möchte. Erkenntnisse über innere Werte und Einstellungen, die die so definierten Mittelschichtsangehörigen eventuell teilen, werden damit ebenfalls nicht gewonnen. Ein weiteres Vorgehen definiert Mittelschicht nach der Zugehörigkeit zu bestimmten Milieus und/oder der eigenen Kulturpflege. Dieses ist ebenso wenig voraussetzungslos und von der Überzeugung der Mittelschichtenexistenz getragen.

Man sitzt bei dieser Methode einem Vorurteil über bürgerliche Kultur und Kultiviertheit auf. Die Ausdifferenzierung der Gesellschaft und ihre Individualisierung lässt das aber nicht (mehr) zu. Zwar können der Mittelschicht Gepflogenheiten dessen attestiert werden, was einst als bürgerliche Kultur galt. Aber wie viele Menschen teilen sie noch? Und zählt man nur noch Theater- und Operngänger, Arte-Gucker und Weintrinker dazu, ist die Mittelschicht arg zusammengeschrumpft.

Das Problem, die Mittelschicht zu finden, bleibt ungelöst. Und trotzdem wird permanent von ihr als stabilem Phänomen gesprochen. Das ist umso erstaunlicher, wenn man sich anschaut, wie die Definitionen kollidieren. In den vergangenen zwanzig Jahren haben die mittleren Einkommen kaum bis gar nicht zugenommen und immer mehr Menschen verdienten weniger. Im Gegensatz dazu ist das Bildungsniveau gestiegen und die Zahl der Schul- und Berufsschulabbrecher sank. Was sagt das über Existenz und Umfang einer Mittelschicht aus? Und dennoch streiten die Gesellschaftswissenschaftler anhaltend über die korrekte Methode, die Mittelschicht zu finden und ihre konkrete Ausformung. Ebenso interessant ist, dass viele Individuen das Begehren verspüren, zur Mittelschicht zu zählen. Die Mitte ist magnetisch, wird gebraucht als Versprechen und Idol. Die Möglichkeit, zur breiten, nicht armen Mittelschicht zählen zu können, ist der unausgesprochene Gesellschaftsvertrag dieses Landes, das Gentleman's Agreement. Auch wenn Schelskys These nur auf die Nachkriegszeit angewandt werden kann und danach statt der Nivellierung eine Pluralisierung der Gesellschaft und individueller Lebensformen stattfand, dient »Mittelschicht« als Containerbezeichnung für eine Mehrheitsgruppe. Und so wird sie passend gemacht, wird sie vorausgesetzt und dann durch gezielte Definition gefunden. Ihre Existenz wird schon in der Prämisse unterstellt. Das ist höchst praktisch: »Weil es aussichtslos erscheint, als ungerecht empfundene Verteilungsverhältnisse grundlegend zu korrigieren, neigen Lohnabhängige spontan dazu, Auseinandersetzungen zwischen oben und unten in Konflikte zwischen innen und außen umzudefinieren.«[154]

Eine Kritik des Begriffs »Mittelschicht« bedeutet keinesfalls, steigende soziale Ungleichheit, real sinkende Löhne etc. zu leugnen. Missstände und Zustände sowie Strukturen, die zu ihnen führen, muss man klar benennen, um Abhilfe schaffen zu können. Die Kritik gilt dem Gespenst Mittelschicht, mit dem Politik gemacht wird. Es dient der Beruhigung, denn die Mittelschicht eignet sich, um Stabilität zu behaupten und soziale Ungleichheiten und Ungerechtigkeiten zu überspielen; das ist zu kritisieren. Man kann mit ihr Menschen mobilisieren und sie gegen andere Gruppen in Stellung bringen – etwa durch Warnungen vor sozialem Abstieg. Der Mittemythos »lebt nicht nur von sozialstatistischen Kennziffern über die Verteilung von Reichtum, Bildungsgrad und Beruf.» Er »reklamiert auch die wichtigsten politischen und moralischen Werte, die angeblich die Gesellschaft zusammenhalten. In biogenetischer Sprache werden ›Identitätsmarker‹ [...] des Deutschen entworfen, wie: der ›Leistungswille‹, der Glaube ›an den Aufstieg durch eigene Anstrengung‹ und die ›Bereitschaft zur Selbstsorge‹.«[155]

Blähbauch: Mobilisierung durch Angst

Die Missachtung der Mitte hat System, und sie ist brandgefährlich. Wer dem Volk anstrengungslosen Wohlstand verspricht, lädt zu spätrömischer Dekadenz ein.[156]

Im politischen Tagesgeschäft ist der Appell ans Gefühl des Mittelstandsbauchs Usus. Neben rhetorischen Streicheleinheiten muss alles abgewehrt werden, was als Angriff darauf interpretiert wird. Wie Guido Westerwelle mit den eingangs zitierten Worten in der Arbeitslosengeld-Diskussion 2010 der Mitte beisprang und nach unten trat. Der damalige FDP-

Politiker und Außenminister meinte allen Ernstes, es sei ungerecht, wenn sich hart arbeitende Mittemenschen anstrengen müssten, während andere in der Hartz-IV-Hängematte bequem vom Staat geschaukelt würden. Davon abgesehen, dass die Erwerbslosenrealität anders aussieht und im antiken Rom vielmehr die Eliten der Dekadenz verdächtigt wurden, ist das ein typischer Schachzug. Der Mitte wird der Rücken gestärkt, indem man ihr attestiert, Stock der Fleißbienchen zu sein. Gleichermaßen bedeutet der Verweis auf Hartz-IV eine Mobilisierung durch Angst, schließlich wissen die meisten jenseits aller Ressentiments, wie prekär das Leben mit ALG-II-Bezug ist. Darum wird die Mittelschicht als soziale Säule wie ein dauerhaftes Sorgenkind gehegt und gepflegt. »Sie ist gleichermaßen privilegiert wie verletzlich; hat per Definition sozio-ökonomisch Luft nach oben, gleichzeitig aber auch einiges zu verlieren.«[157]

Das veranschaulicht die Auswertung von mehr als 2.600 einschlägigen Beiträgen, die zwischen 2005 und 2015 in der Frankfurter Allgemeinen Zeitung und Süddeutschen Zeitung erschienen sind. Darin wird die Mittelschicht als 24/7-Leistungsträger und »Inkarnation des Allgemeinwohls« präsentiert.[158] Sie buckelt für die Gesamtrepublik und trotzdem ist sie es, die von Abgabelasten erdrückt zu werden droht. Damit ihre Kinder wie sie selbst hohe Bildungsabschlüsse erreichen und kulturelles Interesse entwickeln, kutschiert sie die Sprösslinge zu Gymnasium und Musikunterricht. Diese Menschen nehmen ihr Leben in die Hand, so die Erzählung, und sind auch der Idealbürger der Marktpsychologie: Verantwortung und Risiko wägen sie ab. Ideologie lehnen sie ab, nüchtern und verständig verfügen sie über das, was man gesunden Menschenverstand nennt. Das – natürlich heterosexuelle – Paar der gesellschaftlichen Mitte heißt Karin und Thomas Müller. (Welche Effekte eine solche Normierung am Modell der Durchschnittsbiografie produziert, verdeutlicht das nächste Kapitel.) In dieser idealisierten Mitte wird relativer Wohlstand mit der Zustimmung zur Demokratie kurzgeschlossen. Alles, was sich Politiker vom guten Mehrheitsbürger erwarten, projizieren sie in diese Mitte. Ebenso wie die Wissenschaft sich letztlich erfolglos bemüht, diese mit Inhalt zu füllen, scheitert die Politik. Beschwörung ersetzt Realität. In diesem Lob der Mitte gründet die Forderung, gerade sie müsse Unterstützung erfahren. Wie es eine Perle des Qualitätsjournalismus unfreiwillig offen formuliert: »Die Politik darf daher nicht nur für eine Schicht repräsentativ sein, sondern muss zu einer breiten Reformbewegung werden, in deren Zentrum eine moderne, sozial orientierte Mittelschicht steht.«[159] Allgemeinwohl und das Wohl der Mittelschicht gehören offenbar zusammen.

Es ist das Kuriosum der Mitte, dass ihre Existenz unproblematisiert vorausgesetzt wird, aber es gerade ihre wesentliche Eigenschaft ist, eine Leerstelle zu sein. Hat schon Karl Marx ihren Untergang prophezeit, so ist sie seither umkämpft als zu überwindende Größe oder als Legitimationsbasis. Aufgrund der Ambivalenz erfolgen immer neue Anrufungen und Aktualisierungen. Dass allen Schwierigkeiten ihrer Einkreisung zum Trotz auf der Existenz einer sozialen Mitte beharrt wird, zeigt, wie sehr wir das Mittemotiv verinnerlicht haben. Gesellschaftlicher Zusammenhang scheint ohne eine Schichtung nicht vorstellbar, wie zum Pücklereis Erdbeere, Schoko und Vanille gehören.

Darauf weisen auch die vielen falschen Selbstverortungen hin. In Umfragen ordnen sich Menschen, die nicht einmal der groben Einkommens- und Vermögensdefinition nach zum engeren Kern einer Mittelschicht gehören, dieser zu. »Laut OECD oder dem Institut der deutschen Wirtschaft gehören weniger als 60 Prozent der Deutschen der Mittelschicht an. In der YouGov-Befragung rechnen sich jedoch 71 Prozent dieser zu. Von den Personen mit einem Haushaltsnettoeinkommen unter 1000 Euro, üblicher Weise eine Grenze zur Mittelschicht, sehen sich immer noch mehr als ein Drittel als Teil der Mittelschicht an.«[160] Umgekehrt wollen Vermögende zur Mittelschicht zählen, sei es, weil ihnen ihr Reichtum peinlich ist, unheimlich vorkommt oder, um sich anzubiedern. »Wenn es um die subjektive Einordnung in die Gesellschaft geht, sortieren sich die meisten Bürger in die Mittelschicht oder auch obere Mittelschicht ein. Nur wenige zählen sich selbst zur sozialen Oberschicht. [...] Praktisch niemand fühlt sich [...] den einkommensreichsten 20 Prozent der Gesellschaft« zugehörig.[161] Selbst der CDU-Politiker Friedrich Merz kokettierte damit, Teil der »gehobenen Mittelschicht« zu sein. Dass er beim global größten Vermögensverwalter Millionen verdient hat und Privatjets besitzt, mache ihn nicht zum Mitglied einer »sehr vermögenden, sehr wohlhabenden Oberschicht«. Komiker Oliver Welke fiel dazu ein: »Faustregel: Wer mehr als ein Flugzeug besitzt, ist wahrscheinlich nicht Mittelschicht. So merk' ich's mir immer.«[162] Merz legte nach, um seine Mitte-Zugehörigkeit glaubhafter zu machen. Mitte sei nicht nur eine Frage der Finanzen, sondern eine der Werte. Als Beispiel nannte er, dass man auch etwas zurückgeben müsse. Eine Umfrage aus dem Frühjahr 2021 bestätigt: »Die Analyse zeigt, dass die Befragten im Vergleich zu ihrem tatsächlichen Einkommen eher dazu neigen, sich im Bereich der mittleren Stufen zu platzieren, auch und insbesondere dann, wenn sie eigentlich wesentlich ärmer oder reicher als der Durchschnitt sind. Das heißt: Diejenigen, die de facto weiter unten auf der Einkommensleiter stehen, überschätzen tendenziell ihre relative Einkommensposition, während sich diejenigen, die tatsächlich an der Spitze der Verteilung stehen, tendenziell niedriger einstufen.«[163] Die Mitte bildet einen Sehnsuchtsort für viele. Darum muss ihnen auch eingetrichtert werden, dazuzugehören oder dazugehören zu können. Dabei geht es natürlich nicht ums Fortkommen des Einzelnen. Wenn die Erosion der Mitte herbeigeschrieben oder befürchtet wird, sind gesellschaftliche und Verteilungsgerechtigkeit nicht wirklich das Thema.

Nein, die Mitte als Fundament des sozialen Kittes darf nicht ins Wanken geraten. Selbst wenn sie nur imaginiert ist, müssen vor Augen geführte Dramen wie »Kampf um die Mitte« oder »Volk ohne Mitte« die Kräfte binden.

Die Parole »schrumpfende Mitte« macht als Drohkulisse des sozialen Abstiegs die Individuen gefügig. Die Konkurrenz auf dem Arbeitsmarkt und in den Sozialsystemen sollte die Einführung der Agenda 2010 steigern, die auch ein Angriff auf diese angenommene Mitte war – kaschiert mit der Abwertung von Erwerbslosen als parasitären »Abzockern«, die die »Anständigen« ausnehmen würden. Daumenschrauben wie die Zumutbarkeitsklauseln, jeden Job unabhängig von möglicher Überqualifikation anzunehmen, haben ihre Wirkung weit über den Kreis der Hartz-IV-Empfangenen hinaus entfaltet. Zudem wird mit dem Fingerzeig auf die Armen von der Frage abgelenkt, warum sie arm sind. Demokratische und gesellschaftliche Teilhabe werden verhindert und gleichfalls Debatten darüber, wie eine Politik aussehen könnte, die die derzeitige Form des Sozialstaats nicht als Dogma hinnimmt. Statt die soziale Frage zu beantworten, wird »die Mitte« emotional gepampert. Mit der Gleichsetzung von Mittelschicht und Bürgertum werden soziale Milieus, Vermögen und kulturelles Kapital – das man der Mitte zuschreibt – mit einer (partei-)politischen Einstellung verschmolzen. Und natürlich hilft die Abwertung der Hartz-IV-Bezieher auch dazu, das eigene Wählerklientel nach »unten« abzuschotten.

»Both sides«: Mitte als Kampfbegriff

Uneingeschränkte Toleranz führt mit Notwendigkeit zum Verschwinden der Toleranz. Denn wenn wir die unbeschränkte Toleranz sogar auf die Intoleranten ausdehnen, wenn wir nicht bereit sind, eine tolerante Gesellschaftsordnung gegen die Angriffe der Intoleranz zu verteidigen, dann werden die Toleranten vernichtet werden…[164]

Die Mitte immunisiert gegen rechtes Denken, lautet ein Kerngedanke des bundesdeutschen Politikdiskurses. Darauf beruht die Arbeit des Verfassungsschutzes, in Wahlen soll eine starke »konservative Mitte« – was auch immer das ist – Stimmerfolge von rechten Parteien verhindern. Genauso merkwürdig ist die erinnerungspolitische Behauptung, eine stärkere Mitte hätte den Nationalsozialismus verhindert. Darum wird die Widerstandsgruppe des 20. Juli 1944 vollständig in eine bürgerliche Mitte eingemeindet, selbst wenn sich an ihr viele beteiligten, die keine lupenreinen Demokraten waren. Darum weigerten sich Politiker und Journalisten so lange, von rechten Akteuren zu sprechen, als erst Pegida & Co., später so genannte Querdenker demonstrierten. Man nannte sie lieber »besorgte Bürger«. Gegendemonstranten wurden hingegen wiederholt als »Linksextremisten« bezeichnet.

Zum geflügelten Wort ist Donald Trumps »both sides«, geworden, mit dem der damalige US-Präsident 2017 auf den rechten Terroranschlag auf einer Kundgebung in Charlottesville reagierte. Er meinte, auf beiden Seiten hätten anständige Personen demonstriert, um die Gewalttat herunterzuspielen, bei der eine Frau starb und 19 Menschen verletzt wurden. »Gegen jeden Extremismus« wird zum Mantra, wenn wieder eine rechte Tat öffentlich wird: Statt die Gefahr klar zu benennen, wird ein diffuses Mittebekenntnis abgegeben, das eine Verharmlosung durch Gleichsetzung bedeutet. Mitte ist ein wirksamer politischer Kampfbegriff, der vernebeln soll und vernebelt, wie nachfolgend zu sehen ist. »Wer die Relevanz der bürgerlichen Mitte als Schwert und Schild der pluralen Demokratie validieren möchte, kann linken Widerstand nicht gebrauchen. Denn der widerlegt ja gerade, was man beweisen möchte: dass links und rechts gleich schlimm sind. Und dass einzig die bürgerliche Mitte Sicherheit, gesunden Menschenverstand und Kontinuität bereitzustellen vermag.«[165]

Links-rechts: Geburt des politischen Koordinatensystems

Extreme heißen die, welche keine richtige Mitte anerkennen wollen, sondern sich nur im Extremen gefallen.[166]

Im Bundeswahlkampf 1976 hielt ein Beobachter fest: Es »ist jeder Walkampf ein Kampf um die Mitte. Um die Mitte, wo die Masse der Wähler zu finden ist. Um die Mitte, wo die maßvollen Entscheidungen liegen. Aber die Mitte ist kein fester Punkt. Die Mitte bewegt sich auf der Achse links/rechts.«[167] Es ist eine interessante Feststellung, dass die Mitte sowohl die Masse der Wähler als auch maßvolle Entscheidungen umfasst, aber auch links oder rechts sein kann. Der Beobachter drückt das Dilemma der Mitte nolens volens gut aus. Bis heute ist jeder Wahlkampf ein Ringen um eine Mitte, selbst Parteien am rechten Rand wollen sich als »bürgerlich« verstanden wissen, also als Mitte. Man macht sich die Mitte jeweils streitig. Regierung und Opposition meinen beide, Mitte zu sein, ohne konkret benennen zu können, was die Mitte zweipolig, ja: bipolar macht. Die anderen Parteien werden dann an den Rändern festgemacht. Daher müssen dieser Interpretation zufolge Koalitionen in der Mitte geschlossen werden. Mit dem Beharren, selbst Mitte zu sein, relativiert man die Gültigkeit anderer politischer Meinungen. Die können ja nur peripher sein oder weltanschaulich eingefärbt, weil die Mitte neutral ist. Dass die Mitte aber leer bleibt, notwendig unbestimmt ist, geht vielen nicht auf.

Rechts – Mitte – Links: Das bekannte politische Koordinatensystem ist etwas mehr als 200 Jahre alt. Es beruht auf keiner tieferen ideologischen Überlegung, sondern der Grund ist rein technischer Natur. Das Schema ist ein Kind der Französischen Revolution: »Die Abgeordneten der Konstituante teilten sich am 28. August 1789 in Versailles in zwei Gruppen auf, um die Stimmenauszählung zu erleichtern; aufgrund einer Analogie zum Unterhaus, wo die jeweilige an der Macht befindliche Partei rechts sitzt, versammelten sich die Anhänger eines absolutistischen Vetorechts für den König rechts vom Präsidenten, während die Befürworter einer konstitutionellen Monarchie […] sich links gruppierten. Schon damals siegte die Mitte: Man verglich sich und einigte sich auf ein aufschiebendes Veto.«[168] Diese Ordnung wurde beibehalten und auch in anderen Parlamenten übernommen. Festzuhalten ist dabei, dass der Blick des Vorsitzenden diese Einteilung vollzieht. Nicht der eigene Körper der Abgeordneten ist der Referenzpunkt. Von der eigenen Perspektive aus sitzen die Linken rechts und vice versa. Das stellt eine direkte Kontinuität zur monarchischen Ordnung dar, wo der König in der Mitte als absoluter Bezugspunkt positioniert war. Diese zunächst rein räumliche Aufteilung wurde allmählich zur Bezeichnung und Selbstbezeichnung in Progressive, die die Revolution weitertragen wollten, und konservative bis restaurative Kräfte. Die Unterscheidung entwickelte sich ab dem 19. Jahrhundert zu der Zentralachse des politischen Koordinatensystems. Man kann das als Ursprung der modernen Parteibildung deuten. Seitdem ist nach dieser Sitzordnung die Einteilung in linke Partei (*partie gauche*) und rechte Partei (*partie droite*) gebräuchlich. In den deutschsprachigen Ländern wird man später in den Parlamenten erst »linke Seite« und »rechte Seite« verwenden, bevor das auf die »Linke« und die »Rechte« verkürzt wird.[169] Um die vermeintliche Mitteposition oszillierten und stritten lange nur CDU und SPD, die sich als »Volksparteien« sahen und die FDP. Seit ihrer Etablierung sind solche Tendenzen, Mitte zu sein, auch bei den Grünen immer deutlicher zu erkennen – man denke an die zweite Legislaturperiode des Grüne-Ministerpräsidenten in Baden-Württemberg oder das Agieren in der Ampelkoalition ab 2021. Diese sehr grobe Unterscheidung in Rechte-Mitte-Linke ist natürlich der Komplexität politischer Orientierungen nicht angemessen. An dieser Stelle soll es genügen, auf das Bauchgefühl hinzuweisen, mit dem wir »links« und »rechts« im Alltag benutzen, und wenden uns weiterhin der Mitte zu. Die Losung der Mitte diente dem Liberalismus seit seiner Entstehung als Kampfbegriff. Ihr Gebrauch hält bis heute an und findet in der Extremismusformel ihre staatstragende Ausprägung, wie noch zu sehen sein wird. Über den Bezug zur Mitte lässt sich die politische Gegnerschaft auf Distanz halten. In der liberalen respektive bürgerlichen Vorstellungswelt formt sich die harmonische, von außen bedrohte Mitte der Gesellschaft. Das in der Sitzordnung der französischen Nationalversammlung räumlich manifestierte Mitte-Extreme-Denken ist zum Idealmodell des politischen Diskurses geworden. Eine liberale Schrift aus den 1920ern formuliert das so: »Bedarf es doch überall zwischen Extremen, zwischen entgegengesetzten Grundsätzen und Parteien, z. B. zwischen Idealisten und Empirikern, zwischen Redicalen und Conservativen, einer gerechten, versöhnenden, mäßigenden Mitte oder Vermittlung!«[170]

Hat schon Aristoteles Rückschlüsse von sozialer Mitte und politischer Mitte gezogen beziehungsweise beide Modelle eng geführt, so geschah das in den vergangenen Jahrhunderten erst recht und systematisch. Wie gesehen, waren zuerst Mittelstand und dann Mittelschicht immer lukrative Ziele, z. B. als bedroht angesehene Wesen. Appelle an diese Mitte galten als Stabilisator der Ordnung. Ein Historiker schrieb über den Vormärz: »Die deutsche Sozialgeschichte seit dieser Zeit lässt sich als ein beinahe kontinuierlicher Kampf um den Fortbestand einer sozialen Mitte schreiben, die durch das Wachstum der industriellen Unterschichten, aber auch durch den Reichtum einer neuen Bourgeoisie bedroht war.«[171] Der Liberalismus ging eine treue Liaison mit der bürgerlichen Mitte ein. Die Philosophie von Freiheit und Mäßigung eines Edmund Burke oder Stuart Mill passten gut zur Lebensart der Selbstständigen, seien es Groß- oder Kleinunternehmer. Und auch zu ihrem Selbstverständnis: Hier begriff man sich als Kern der Gesellschaft und wurde als solche begriffen – auch, weil diese Mitte fortwährend Barriere gegen sozialistische Ideen und die Arbeiterbewegung war. Das funktionierte als Abwehr, aber nicht aufgrund intrinsischer Eigenwerte dieser mobilisierten Mitte.

Wie schwierig es ist, dieser vagen Mitte einen festen Wertekanon zu attestieren, zeigt der lange Streit über die Bedeutung des Mittelstands beziehungsweise der Mittelschicht für den Aufstieg des Nationalsozialismus. Sie galten lange als dessen vorrangiger Träger. Zwar gab es in den 1920ern eine so genannte Mittelstandspartei, welche allerdings stark nationalistische und antisemitische Positionen vertrat, die man üblicherweise der Rechten zuordnet. Der Nationalsozialismus wurde von einer breiteren Gesellschaft getragen und die einfache Gleichung, dass die unteren Schichten sozialistischen Ideen anhingen, die obersten dem rechten Extremismus und die Mittelschicht dem Faschismus, ist daher krude. Allerdings erhellen die Beißreflexe gegen jede Erwähnung eines »Extremismus der Mitte«, wie fragil diese Idee einer gegen jeden Extremismus immunen Gesellschaftsmitte ist. »Dennoch mahnt das Beispiel des Nationalsozialismus zur Vorsicht bei allen Versuchen, einer mittleren Schicht automatisch positive Wert- und Verhaltensstandards zuzuschreiben«, erinnerte ein Historiker. »Nur unter ganz bestimmten Bedingungen verhalten sich Mittelschichten human, zivilisiert und verantwortungsbewusst.«[172]

Die DDR-Regierung war offiziell um die Arbeiter (mit Kopf und Hand) und Bauern bemüht. Da taugte eine Mitte nicht als zu beschwörende Basis der Gesellschaft. In der Bundesrepublik hingegen wurde sie mobilisiert, zählte zum Gründungsmythos der BRD und fungierte als Bollwerk gegen linke Politik: Geht es der gefühlten breiten Mitte wirtschaftlich gut, dann würde sie keine Experimente wagen. Die Regierung unter Konrad Adenauer etwa bildete eine »Koalition der Mitte«,[173] was zum Schlagwort werden sollte. Die Mitte wurde nach dem Zweiten Weltkrieg fast ausschließlich von der CDU/CSU als strategische Position erobert. Die Christdemokraten inszenierten sich als Volkspartei der Mitte. Sie war konservativ definiert, etwa bei Ludwig Erhard als ein ruhendes Modell und eine still gestellte Gesellschaft, wie es in der von ihm aufgebrachten Formel der »formierten Gesellschaft« zum Ausdruck kommt. Unter dem Eindruck einer anbrechenden Kulturrevolution der 68er griffen auch rechte Akteure nach der Mitte, forderten sogar eine »radikale Mitte« oder »extreme Mitte«, die den befürchteten Sturm von links abwehren sollte.[174] Spätestens seit dem Bad Godesberger Programm 1959 und der Abkehr vom Marxismus schielte auch die SPD nach der Mitte. Aber die CDU blieb damit im Bewusstsein der Bevölkerung, wie ihre andauernden Wahlsiege dokumentieren: Bis 1998 war sie in jeder Bundestagswahl die stärkste Partei. Mit einer Ausnahme 1972 und schon damals versuchten die Sozialdemokraten mit dem Wort »neue Mitte« zu punkten. Die Mitte wurde in den Wahlkämpfen weiter bedient, auch wenn man sie über lange Jahre als grundlegend befriedet ansah. Tobend brach der Kampf um die Mitte erst wieder 1998 aus – und hält seitdem an.

In den ersten Jahrzehnten der bundesdeutschen Gesellschaft fühlten sich wirklich viele Menschen als Teil einer satten Mitte. Diese Zeit bedeutete für viele eine Verbesserung der Einkommen und die Anhäufung von Gütern. Die moderne Konsum- und Unterhaltungsgesellschaft barg für alle Versprechen und hielt ein paar davon. Unter dem Eindruck der DDR als sozialistische Konkurrenz war die bundesrepublikanische Politik auch darauf bedacht, den Menschen nicht zu viele Einschnitte zuzumuten. Zumal sich die Realeinkommen gut entwickelten und sich Gering- und Vielverdiener einander annäherten – und seit den Achtzigern wieder auseinander driften. Arbeitslosigkeit und Armut nahmen zu, als ausbalanciert konnte die Gesellschaft immer weniger gelten, die Wiedervereinigung und der so genannte Einigungsprozess brachten weitere Verwerfungen. Gerade jetzt wurde die Mitte wieder wichtiger, etwa im Bild, dass der damalige Ministerpräsident Kurt Biedenkopfs von seinem Freistaat zeichnete: »Die Sachsen sind immun gegen Rechtsextremismus.«[175] Er wollte keine Neonazis erkennen, sondern sah nur unzufriedene Bürger hinter Wahlerfolgen für die NPD und anhaltende Neonazigewalt auf den Straßen. Die Mitte wurde erneut zum Mantra gegen rechts und links, denn nur von Nazis zu sprechen, wollten viele Politiker nicht. Immer musste auch ein Extremismus von links heraufbeschworen werden, die neutrale Balance zu wahren. Und als dann plötzlich die Sozialdemokraten unter Gerhard Schröder von einer »Neuen Mitte« sprachen, staunten die Beobachter. Offensichtlich war ihnen nicht mehr gegenwärtig war, dass das schon einmal geschehen war.

So frisch nicht: Neue Mitten

Das setzt der Politik ihre immer wieder neue Aufgabe: nach der Mitte zu suchen, wenn alles lemminghaft zu den Rändern drängt.[176]

Die »neue Mitte« landete 1998 auf dem dritten Platz der Wort-des-Jahres-Liste, just als die erste rot-grüne Koalition an die Macht gewählt wurde – als vermeintlich neue Mitte. Das war eine Zäsur im bundesrepublikanischen Wahlkampf, man sprach auch von einer Amerikanisierung und Entpolitisierung. Die Mittesymbolik bediente die SPD auch grafisch: Auf den Wahlplakaten und im Bühnenhintergrund bei Wahlkampfveranstaltungen prangte ein roter Kreis, der wie eine Sonne in die Zukunft leuchtete. Aufbruch und Neuanfang vermittelte die Bildsprache. Die neue Mitte aber ist keine Erfindung von Schröders Spin-Doctors. Es war die SPD unter Willy Brandt, die im Bundeswahlkampf 1972 das erste Mal die Bezeichnung benutzte. Damals titelten die Politikbeiträge: »Auf der Suche nach der neuen Mitte« oder »Was ist die neue Mitte?«[177] Franz Joseph Strauß (CSU) hielt der

SPD entgegen: »Die neue Mitte, die Sie darstellen wollen, gibt es gar nicht. Entweder es ist die alte Mitte – dann ist es auch die neue Mitte – oder es ist keine Mitte.« »Es mag eine neue Rechte oder eine neue Linke geben, aber es gibt keine neue Mitte, die nicht auch die alte Mitte wäre.« »Die neue Mitte ist was für den kleinen Mann«, konterte die SPD: »Da kann sich jeder was reindenken«.[178]

Die Neue Mitte Schröders erwies sich im Wahlkampf 1998 als erfolgreich, weil sie den Lagerwahlkampf, der die SPD in eine linke Ecke abgeschoben hätte, mit der Setzung der neuen Mitte neutralisierte. Mitte diente als Schutzmaßnahme, es galt, präventiv diese Position zu besetzen. Die neue Mitte war aber zugleich eine Zielgruppe der SPD, die die Meinungsforschung entdeckt hatte. Die Studien des Sinus-Instituts rasterten die Gesellschaft in verschiedene soziale und ökonomische Milieus. Diese basieren zudem auf Einstellungswerten, Lebensstilen, Vorlieben und wurden vor allem für Produkteinführungen herangezogen. Jetzt setzte mit der SPD erstmalig eine deutsche Partei auf diese Methode und schnitt ihre inhaltliche Ausrichtung auf bestimmte Milieus zu, die das Sinus-Institut als »junge, moderne und neue Mitte« beschrieb. Hier fand die SPD das Label für den Wahlkampf.[179] Das erfolgreiche Agenda-Setting brachte den Begriff in die Tagespolitik und Medien. Und er diente dann wie in einem Zirkelschluss tatsächlich als Bezeichnung für einen Teil der SPD-Wählerschaft. Im rhetorischen Kampf um die Mitte erklärte ein journalistischer Kommentator das semantische Gebinde neue Mitte zur »außerordentlich gefährlichen und deklassierenden Waffe gegen die Unionsparteien«. Während Wolfgang Schäuble (CDU) ungläubig fragte, »Das soll Mitte sein?«, behauptete Franz Müntefering (SPD): »Die linke Volkspartei SPD, das ist die Mitte.«[180]

Wie ein Produkt wurde die neue Mitte auch außerhalb der Parteipolitik behandelt. Sie war ein junges Phänomen, das emotional und ästhetisch gefüllt sein sollte. So versuchte der Journalist Alexander Osang, die »neue Mitte Berlins« zu durchmessen: »Keiner weiß, wo sie liegt, diese neue Mitte. Aber es ist gut, dabei zu sein. Neue Mitte klingt nämlich so, als sei dort nur begrenzt Platz. Eine Art erster Klasse.« An ihre Erfolgsrhetorik knüpfte die SPD mehrfach an. Auf einem Plakat mit Deutschlandfahne stand 2002: »In Deutschland ist die Mitte rot«. »Die Mitte ist rechts von links«, widersprach Angela Merkel.[181] Danach wollten fast alle irgendwie Mitte sein. In den Wahlkämpfen gab es diverse Satzkonstruktionen, die das Wort beinhalten. »Die Mitte« war die schlichte Setzung der CDU für den Bundeswahlkampf 2021. Für Christian Lindner (FDP) hatte sie einigende Kraft: »Wir sind nicht die Partei einer bestimmten Gruppe. Wir sind die Partei der gesamten politischen Mitte.« Deshalb machte er »ein Angebot aus der Mitte für die Mitte.«[182] Selbst einschlägige Gruppierungen wie die völkisch-rassistische Pegida-Bewegung, wollten »nicht rechts oder links« sein, und täuschten zunächst vor allem Lokalpolitik und Medien, als bloß »besorgte Bürger« politisch neutral zu sein. Und auch die AfD nahm über den Umweg des Etiketts »bürgerliche Partei« für sich in Anspruch, zur Mitte zu zählen.

Die Mitte bestimmt Debatten, ohne dass über sie inhaltlich konkret gesprochen wird. Selbstverständlich macht genau dieses Mitte-sein-Wollen die Parteien für viele Wähler wenig unterscheidbar. Angesichts der großen Koalitionen war ja stets die Kritik mangelnder Profilierung herauszuhören. Warum halten die Parteien dann an der Positionierung in der Mitte fest? »Es kommt darauf an, das Lebensgefühl und Selbstbild der Mehrheit der Bürger und Bürgerinnen auf den Punkt zu bringen und mit dem eigenen politischen Lager zu verbinden«, erklärte der Journalist Tobias Dürr. »Es kommt darauf an, prägnante Kollektivkategorien in die Welt zu setzen und unter die Leute zu bringen, in denen Menschen sich selbst im Verhältnis zu ihrer sozialen Umwelt verstehen können, in denen sie sich so sehen können, wie sie sich gerne sehen wollen.«[183] Die Mittelposition ist zudem bequem, symbolisiert sie doch Ausgleich, Harmonie und Konsens angesichts komplizierter politischer Fragen. Hier nimmt man gewissermaßen einen neuen Standpunkt der Überparteilichkeit ein, der allgemeine Interessen vertritt, nicht nur vereinzelte. Das ist also ein Bekenntnis zu etwas und zugleich die Ablehnung einer radikalen Position, eine doppelte Bewegung aus Positionierung und Nichtpositionierung. Daraus auch resultiert die Vorstellung von einer großen schweigenden Mitte, was sich in den Politiker-Ermahnungen aus Mitte-Parteien spiegelt, Sachen »unideologisch« behandeln zu wollen. Man suggeriert Allgemeinheitsanspruch, dabei sind auch die Verweise auf »Leistung«, den »freien Markt« oder die »Werte der Familie« ideologisch getränkt. Das kaschiert die Mitteposition und beinhaltet auch, Politik nicht als Feld von Aushandlung und Streit zu verstehen. Allerdings verspricht Politik keine Harmonie, sondern das Wesen von Gesellschaft und Demokratie bedeutet immer auch Widerstreit. Dieses Missverständnis tritt zutage, wenn ein Autor fordert, »Mitte als Leerstelle«, als offenen Ort des politischen Interessen-Aushandelns zu betrachten, und sofort inhaltlich einklammert: »[...] dabei hätte es die Postmoderne bitter nötig, sich auf wertorientierte Sinnkerne zu konzentrieren, auf eine Mitte, die ihr dabei helfen könnte, sich von ihrem Beliebigkeitsdenken zu befreien. Freilich: Wer fände eine Mitte zwischen dem Anything goes postmoderner Beliebigkeitsapostel und dem Nichts-darf-mehr-so-weitergehen [sic!] ökologischer Fundamentalisten?«[184]

Auch die neue Mitte oder besser: die neuen Mitten sind nicht neutral, sondern nur in Bezug auf das Parteispektrum zu verstehen. Die Flexibilität und Unterbestimmtheit machen ihre Stärke aus. Wie die alte, so wird natürlich auch die Position der neuen Mitte vor allem durch eine korrekte Distanz von politischen Extremen demonstriert. Wer Mitte wählt, unterliegt mitunter sogar der Selbsttäuschung, jenseits der Parteienpolitik zu stehen – wofür neuerdings auch wieder »das Volk« herhält. Es ist wie eine dritte neutrale Position, die sich fern hält von rechts und links und zugleich deren Gleichsetzung befeuert.

Glücksmaschine Hufeisen: »Gegen jeden Extremismus«

Die Idee des Extremismus-Paradigmas ist geschichtspolitisch begründet. In ihr geht ein bestimmtes Verständnis vom Scheitern der Weimarer Republik auf.[185]

Ein Hufeisen soll Glück bringen. Als Modell für so komplexe Gebilde wie Gesellschaften ist der Pferdeschuh eine weniger glückliche Wahl. Aber genau solch ein Hufeisenmodell zeichnen die Verfechter der Extremismustheorie, um die Gefährdung des Verfassungsstaates anschaulich zu machen. Dessen Basis bildet die gute, den Boden des Grundgesetzes achtende Mitte. Davon zweigen rechts und links bogenförmig wie ein U die Ränder ab und berühren sich theoretisch irgendwann – schließlich sind alle Extremisten gleich. Dieses höchst praktische Denkmodell ist wissenschaftlich allerdings nicht haltbar. Davon lassen sich Verfassungsschutz und Medien jedoch nicht stören und beharren weiter auf dem Hufeisen, einfach weil es so griffig ist.

»Manche meinen lechts und rinks kann man nicht velwechsern werch ein illtum.«: Diese Zeilen Ernst Jandls werden gern zitiert, um anzudeuten, dass jenseits einer gemäßigten Mitte es auf beiden Seiten immer radikaler zugeht und an den Enden der Skala angekommen, beide Positionen gleichzusetzen sind. Das schiefe Bild lebt weitestgehend unhinterfragt in der Öffentlichkeit weiter und wird medial permanent bedient, weil es die Vorstellung jener politischen Mitte – aka Mittelschicht – stärkt, von der soeben die Rede war. Sie liegt der Extremismustheorie zugrunde, die der Vorstellung einer gesellschaftlichen Mitte selbst wiederum Legitimation schenkt. Deutlicher formuliert: Die Theorie hat ein Voraussetzungsproblem. Sie setzt als Axiom voraus, was sie erst offenzulegen behauptet, nämlich die Aufteilung der Gesellschaft in eine Mitte und extreme Ränder. Analog zum Konzept Mittelschicht vermengt auch die Extremismustheorie Wunsch und Wirklichkeit, Ideal und Realität. Aufgrund seiner Verschränkung von normativen und empirischen Elementen steht der Extremismusbegriff auf dünner wissenschaftstheoretischer Grundlage. Er kann die sozialen Phänomene, die er als extremistisch ausweist, gar nicht exakt erfassen. Unklar bleibt, was Extremismus genau ist, weil er lediglich aus der Gegenüberstellung zu einem sehr formalem Demokratieverständnis und einer vagen Vorstellung von einer Mitte gewonnen wird. Und diese Mitte wiederum gewinnt ebenfalls aus diesem fragwürdigen Antagonismus erst ihre Züge. Es ist aber eindimensional, gesellschaftliche Phänomene auf einer einzigen Achse einzuordnen. Zudem monopolisiert der Extremismusbegriff das Demokratieverständnis und schottet dieses gegen Kritik ab: Durch die Konstruktion eben jener politischen Mitte, die sich über eine numerische Mehrheit und über eine bestimmte Demokratieauffassung definiert und deren Gegenpol politische Ränder bilden, werden emanzipatorische und rückwärtsgewandte Positionen in einen Topf geworfen und ihre Unterschiede eingeebnet. Und als »extremistisch« markierte Einstellungsmuster bleiben so exklusiv dem Rand vorbehalten und ihre gesamtgesellschaftliche Verbreitung wird ausgeblendet. Ein Beispiel: Wer von linkem und rechtem Antisemitismus (und »exportiertem«) spricht, will die hohen Zustimmungsraten zu antisemitischen Aussagen in allen Gesellschaftsteilen nicht wahrnehmen oder überdecken. Wenn davon ausgegangen werden muss, dass jeder vierte Deutsche antisemitische Einstellungen teilt, ist das kein Problem irgendwelcher Ränder.

So definiert das von Extremismustheoretikern aufgestellte Demokratie-Minimalkonzept – es enthält allesamt abstrakte

Attribute gegenwärtiger demokratischer Gesellschaften –, wer ein Extremist ist: Jeder, der nach Auffassung verschiedener Instanzen (zum Beispiel des Verfassungsschutzes) fundamentale Kritik an diesem minimalen Demokratiekonzept übt. Diese Negativdefinition hält explizit an der Mitte fest, ihr Fixpunkt ist der bürgerlich-demokratische Verfassungsstaat, der in diesem Verständnis keinerlei inhaltliche Kontingenz aufweist, sondern abstrakt bleibt. Demokratie wird zum Gegenteil des nicht-demokratischen Extremismus und dieser eben zum Gegenteil der Demokratie. Merkwürdigerweise fällt dieser Zirkelschluss den meisten Menschen nicht auf. Um die Tautologie des Modells in den Worten des prominentesten deutschen Extremismusforschers Eckhard Jesse auszudrücken: »Der Extremismus ist eine antithetische Vorstellung zum demokratischen Verfassungsstaat. Der demokratische Verfassungsstaat besteht aus dem Element der Demokratie, der Volkssouveränität, der Gleichheit, besteht aber auch aus dem Element des Verfassungsstaates.«[186] Der damit zusammenhängende Politikbegriff ist sehr eng, nur staatlich/bürokratisch vorgestellt und schließt Mitbestimmung außerhalb der Wahlen für das repräsentative Demokratieprinzip beispielsweise aus. Kritische Gesellschaftstheorie kann in diesem Rahmen nicht stattfinden.

Das Extremismuskonzept ist ein Kind der Siebziger und eine Konsequenz der Totalitarismustheorie, die Nationalsozialismus und Kommunismus zusammenführte. Ab 1974 ersetzte »Extremismus« den »politischen Radikalismus« in den Berichten des Verfassungsschutzes und wurde populär. Involviert waren wenige Sozialwissenschaftler, das Konzept war also von vornherein nicht empirisch orientiert, also auf Beobachtung beruhend, sondern ordnungspolitisch motiviert: Mit dem Extremismusdenken sollte Politik gemacht werden. Es fand Eingang in die Medien und die Alltagssprache und wird allgemein unkritisch verwendet. Aufgrund der metaphorischen Rede – Gesellschaft als Körper und »Extremismus« als dessen Pathologien oder das Bild eines massiven Zentrums, in dem das Soziale umgeben von marginalen Rändern ruht, die sich das Gleichgewicht halten – stützt Extremismus seitdem die kollektive Symbolik einer sich normal wähnenden gesellschaftlichen Mitte. Wie konstruiert dieses Modell ist, zeigt sich schon bei den Bemühungen, den »islamistischen Extremismus« als eigenständige Form ins Hufeisen zu integrieren, denn er sprengt eigentlich das Modell, wenn er als eigenständiger Strang dort eingefügt wird. Eine genaue inhaltliche Analyse ist aber nicht vorgesehen, weil das Hufeisen vor allem die Arbeit der Sicherheitsbehörden legitimieren und bestimmte politische Positionen untermauern soll. Das führt bis hin zu solchen Verzerrungen, wie sie sich die sächsische CDU im Landtagswahlkampf 2019 leistete und die DDR und mit dem Nationalsozialismus gleichsetzte: »Sozialismus hat nur für Leid gesorgt. Egal ob .... national oder ›real existierend‹«.[187] Immer wieder kommt es vor, dass sich Mitteparteien auf Bündnisse gegen konkrete nazistische Umtriebe wie eine Demo oder einen entsprechenden rechten Szeneladen nur unter abstrakten Mottos einlassen wie »Gegen rechten und linken Extremismus« oder »Gegen jeden Extremismus«. Nur ein paar Jahre hielt sich die 2011 eingeführte Extremismusklausel, mit deren Unterschrift Initiativen gegen rechts die Verfassungstreue all ihrer Kooperationspartner erklären mussten, um staatliche Förderung zu erhalten. Damit wurden sie bereits im Vorfeld kriminalisiert, was den politischen Einsatz der wissenschaftlich unhaltbaren Extremismustheorie offenbart. Die Aussteigerhotline für linke Szene-Müde, am Vorbild des Exit-Modells für extreme Rechte orientiert, hat sich als Reinfall erwiesen. Es rief einfach keiner an. Wer in diesen Kreisen nicht mehr mitmachen will, bleibt einfach dem Plenum fern. Mit physischer Gewalt erzeugter Gruppendruck, typisch für extrem rechte Kameradschaften, fehlt hier schlichtweg. Die Gleichsetzung führte zu einer Fehleinschätzung.

Der Extremismusbegriff ist nicht nur ein politisches Kampfmittel etablierter Parteien und Institutionen, er ist zugleich verharmlosend, weil er blind macht. In den Extremismusstatistiken erscheinen falsche Parallelen, wenn Sachbeschädigungen und Körperverletzungen unter der Kategorie »Gewalt« zusammengefasst werden und dann rechts wie links gleich gewalttätig und gefährlich erscheinen. Jenseits irgendeiner Beschönigung: Den qualitativen Unterschied zwischen eingeworfenen Autofenstern und eingeschlagenen Köpfen wird man einsehen müssen. In den bloßen Zahlen verschwindet dieser allerdings. Auch, ob sich Gewalt gegen die Polizei bei einem Protest gegen Abschiebungen oder eine Wohnungszwangsräumung richtet oder gegen eine Flüchtlingsunterkunft oder Journalisten, die von einer Demonstration berichten, sollte man unterscheiden können, selbst wenn man alle diese Fälle ablehnt. Das Hufeisenmodell verunmöglicht das sachliche Differenzieren, das Basis wäre für etwaige politische Auseinandersetzungen.

Mit beteiligt an der Verbreitung der Extremismusschablone sind die Medien. Das liegt in der Schein-Plausibilität des Modells begründet. Es ermöglicht von der fiktiven Mitte aus gesehen eine einfach Sicht – auch, weil es die Mitte als politischen Standpunkt maskiert. Diese schiefe Wahrnehmung fußt auch auf der Verwechslung von Neutralität und Ausgeglichenheit; und damit wieder auf einem Vorurteil der Mitte. Man nennt das »falsche Ausgewogenheit«. Natürlich haben Medien den Auftrag, ausgewogen zu berichten. Es gibt aber nicht bei jedem Thema zwei legitime Meinungen, bei denen man sich in der Mitte einigen kann. Argumentationen finden nicht auf einer Skala zwischen zwei gleichberechtigten Polen statt. Der Versuch, durch Einbinden von rechten Perspektiven Objektivität zu gewährleisten, ist naiv wie gefährlich. Denn er verschiebt allmählich die Grenzen des Sagbaren. Wir haben das im vergangenen Jahrzehnt schrittweise erlebt – begonnen mit Thilo Sarrazins »Deutschland schafft sich ab«-Getöse, dann seine auch in Leitmedien veröffentlichten Klagen, man dürfe seine eigene Meinung nicht mehr sagen. Falsche Ausgewogenheit liegt den zum Teil unbefangenen Umgang mit rechten Demos zugrunde und der Sortierung mancher Talkshow-Gäste. Natürlich darf diese Kritik nicht dazu führen, Diskussionen abzuwürgen mit dem Verweis auf eine Mitte- oder Konsensmeinung und sozusagen die Demokratie mit undemokratischen Mitteln retten zu wollen.

Medien zeigen nie nur, was ist, sondern was die Machenden selbst wahrnehmen und glauben, ausgewogen zu sein. Dabei ist in den vergangenen Jahren eine Schieflage der medialen Repräsentation von politischen Protesten festzustellen. Die Veränderung begann 2014. Augenreibend musste man beobachten, wie sich Demonstranten montags in vielen Städten für ein bisschen Frieden einfanden. »Wir sind keine Nazis, keine Antisemiten. Wir sind Menschen«, erklärten sie und: »Mit Politik will ich nichts zu tun haben!«[188] Neben solchen unterkomplexen Äußerungen dieser Besorgten wurden extrem rechte Forderungen laut und Reichsbürger-Positionen vertreten, mit Antisemitismus getränkte Tiraden richteten sich gegen Projektionen einer gelenkten Medienlandschaft und oligarchischen Globalisierung. Während rasch Kritik von links kam, reagierten Journalisten ziemlich distanzlos. Man wollte irgendwie ins Gespräch kommen, gerade mit denen, die sie beleidigten. Gegendemonstranten wurden oft genug nur als störend wahrgenommen. Die Journalisten schauten zu, hielten das Mikrophon hin. Das ging über das Dokumentieren, das ja wichtig ist, weit hinaus. Als kurze Zeit später Pegida aufkam, wunderte man sich in den Redaktionen wieder und alsbald saß eine Vertreterin der rechten Demonstranten in einer Talkshow. Grundlegend hat sich daran bis heute nichts geändert. Das Schema lief seit ihrem Aufkommen bei Pegida und seinen diffusen Ablegern ab, bei AfD-Auftritten und -radikalisierungen genauso wie bei rassistischen Demonstrationen gegen die Flüchtlingspolitik. Erst, wenn offenkundig ist, dass sich nicht nur eine Handvoll Rechte untergemischt hat, wird der Ton in den Medien kritischer. Auch bei den Demonstrationen gegen die Pandemiemaßnahmen ab 2020 war das zu erleben. Dieses wiederkehrende Muster resultiert aus individuellen und strukturellen Gründen.

Den ersten könnte man den Neutralitätsmythos nennen. Doch ist das Ideal des distanzierten Journalisten naiv. Keine Erkenntnis ohne Interesse: Niemand ist frei von Vorurteilen, Neigungen, Überzeugungen. Der Platz in der Gesellschaft – Schicht/Milieu/Klasse – spielt eine Rolle; »männlich, weiß, heterosexuell« bildet auch bei der schreibenden Zunft den Normalfall. Das kann politische Präferenzen prägen, wenn man seinen eigenen Status als Journalist und Autor nicht mitbedenkt. Reflektieren Schreibende das nicht, blicken sie wohl oder übel mit Scheuklappen auf die Dinge. Wir werden das Problem der impliziten Norm der Mitte im kommenden Kapitel behandeln.

Der zweite Grund ist eine direkte Auswirkung der Extremismustheorie. Aus ihrer bourgeoisen Perspektive mögen viele Journalisten kaum glauben, dass auch vermeintlich normale Bürger extrem rechts sein können. Die Assoziation von Neonazis in Springerstiefeln beherrscht bis heute nicht nur das mediale Bild, sondern auch die Köpfe mancher Medienschaffenden. Das führt dazu, nazistische Äußerungen als Ausdruck von Unzufriedenheit zu interpretieren, statt die Sprechenden beim Wort zu nehmen. Zusätzlich führt das Hufeisen mit neutraler »Mitte« und den extremen »Rändern« zur bereits erwähnten falsch verstandenen Ausgewogenheit. Journalisten glauben, neutral zu sein, wenn sie Abstand zu beiden Seiten – oder was sie darunter verstehen – einhalten. Eine solche falsche Gleichgewichtung kann auch zu einer verzerrten medialen Repräsentation führen: Um den Eindruck der Neutralität zu wahren, werden auch Außenseitermeinungen gehört und damit der Eindruck erzeugt, sie seien gleichwertig zu den anderen. Wenn etwa ein Evolutionsbiologe und ein Kreationist über ihre Ansichten zur Natur gehört werden, könnte das Publikum glauben, Wissenschaft und Schöpfungsglauben wären ebenbürtig. Die imaginierte Mitteposition suggeriert den Journalisten, »für alles offen sein« zu können und den sorgenvollen »Normalbürgern« nah zu sein. In Wirklichkeit machen sich solche Medien gemein mit dem, was sie als »Volkes Stimme« identifizieren. Sie erfüllen eine gesellschaftliche Funktion, die mehr im Wegsehen als in Aufklärung besteht, wenn an der Mitte gerührt wird.

Das Problem des Extremismusbegriffs zeigt sich auch in der Schwerfälligkeit der Verfassungsschutzbehörden, Phänomene wie Pegida oder Parteien wie die AfD als »extremistisch« oder »teilweise extremistisch« einzustufen. Weil man dort auch »bürgerliche« Beteiligte vermutete, wollte man sie selbst an glasklar extrem rechten Aussagen nicht festmachen. Das produzierte solche Merkwürdigkeiten, dass linke Gegendemonstrationen in Verfassungsschutzberichten auftauchten, die rechten Demonstrationen, gegen die sie sich richteten, dort aber nicht vorkommen. Erst im Mai 2021 stufte der sächsische Landesverfassungsschutz Pegida als »extremistisch« ein; sechseinhalb Jahre nach der Gründung. Wie schwierig die Extremismustheorie zur Empirie passt, ist auch am Umgang mit den so genannten Querdenkern abzulesen, also gegen die Corona-Pandemie-Schutzmaßnahmen Demonstrierenden. Gut ein Jahr konnten sie fast ungestörtem auftreten und wurden mehrheitlich als »ganz normale Bürger« bezeichnet. Erst spät sieht der Verfassungsschutz in ihnen eine neue Form des Extremismus: »Nach Einschätzung der Verfassungsschützer passen die als extremistisch eingeschätzten Teile der Bewegung in keine der bisherigen Schubladen: Deshalb wurde ein neuer Phänomenbereich mit der Bezeichnung ›Verfassungsschutzrelevante Delegitimierung des Staates‹ geschaffen.«[189] Das klingt nach einem Gummibegriff. Eigentlich könnte man auch von einem Extremismus der Mitte sprechen, nur hat der im Hufeisenmodell keinen Platz.

Man hat tatsächlich versucht, diese Schwierigkeiten im Konzept eines »Extremismus der Mitte« einzufangen. Der Soziologe Seymour Martin Lipset stellte dieses in den Fünfzigern vor mit der These, dass der Faschismus wesentlich von der Mittelschicht getragen wurde. Das hat den Vorteil, die – unterstellte – politische Mitte nicht aus der Analyse zu entlassen. Die Vermischung von Mittelschicht und politischer Mittelposition erzeugt aber ein merkwürdiges Bild; zumal das erwähnte Problem, eine Mittelschicht zu definieren, weiterhin ungelöst bleibt. Und das Konzept hält außerdem an der Mitte an sich fest. »Extremismus der Mitte« kann daher eher als ein Aufreger in der politischen Debatte funktionieren, der auf blinde Flecken hinweisen kann, denn als ein Mittel der Differenzierung. Da ist der methodische Weg vorteilhafter, den Einstellungsstudien wie jene zu »gruppenbezogener Menschenfeindlichkeit« verfolgen. Hinter dem sperrigen Wort verbirgt sich ein einfaches Konzept: Wer Menschen aufgrund ihrer zugewiesenen Zugehörigkeit zu »schwachen« Gruppen – Wohnungslose, Nichtdeutsche, Juden, Behinderte etc. – abwertet, denkt oder agiert menschenfeindlich. Da sind sein Einkommen, seine soziale Situation oder eigene politische Zuordnung völlig unerheblich. Die Dinge werden klar benennbar, statt mit dem Hufeisen Nebelkerzen zu werfen.

Das bürgerliche Subjekt: Identitätspolitik des Normalen

Hurra ich bin genormt, hurra ich bin geformt.[190]

Der Sturm auf die Bastille und das Errichten von Panoramabildern: Es mag ein Zufall sein, dass fast zeitgleich mit der Französischen Revolution ein neues Massenmedium die

Menschen begeisterte. Die Rundumpanorama-Darstellung kam parallel zu jenem Ereignis in Mode, an dem die Herausbildung des modernen Subjekts festgemacht wird. 1789 steht für das Erheben der bürgerlichen Gesellschaft als Akteur der Geschichte, der sich von den royalen und adligen Fesseln losmacht und die lange Reise des freien Subjekts antritt. Das Panorama wurde zwei Jahre zuvor patentiert, also als technischer Fortschritt angesehen, den man sich sichern konnte. Die Einrichtung war mit großem Aufwand verbunden. Nicht selten bestanden die Gemälde aus 2.000 Quadratmetern Leinwand und eine eigene, runde Gebäudeform musste dafür erdacht werden.

Eine Frage der Perspektive: Beim Panorama steht der Betrachter mittendrin und hat den 360°-Rundumblick. Es ahmt die Erfahrung in der Natur nach und nährt die »Seh-Sucht«, wie der Kulturforscher Stephan Oettermann formulierte. Europaweit entstand das Verlangen nach Horizonten und Ausblicken. Berge, Kirchtürme und andere Höhe-Punkte wurden bestiegen, für eine Übersicht und den Blick in die Ferne. Als ein Seh-Gebäude erfüllte das Panorama diese Lust auf seine Art als künstliches Landschaftsarrangement. Seine Kunst bestand darin, natürlich und eben nicht als Kunstwerk zu wirken. Auch der Begriff Panorama (griechisch für *alles sehen*) stammt aus dieser Zeit und meint explizit die Rundgemälde. Erst danach wurde er auch auf den Panoramablick in der Natur angewendet. Die ersten dieser Gemälde zeigten das geschäftige Treiben in London und Paris, Ansichten berühmter Schlachten und exotischer Landschaften kamen hinzu. Im Panorama kommt die moderne Zentrierung des Erfahrungsfeldes zum Ausdruck. Diese Konstruktion sollte den nicht verstellten Blicks simulieren und dem sich in der Mitte befindenden Menschen die Horizonterfahrung ermöglichen. Das ganze Panorama ist an den Ort des Betrachters gebunden, der im Zentrum steht. In ihrer Perspektivendarstellung idealtypisch für die moderne Auffassung vom autonomen Subjekt prägten diese »Seh-Maschinen« den bürgerlichen Blick, der hier trainiert und beherrscht wurde.[191] Derselbe gerichtete Blick ist die Grundlage des viel zitierten Panopticon. In diesem Gefängnisgebäude nahmen die Wärter eine zentrale Position in einem Turm in der Mitte ein und übten von dort ihre Aufsicht aller Gefangenen aus, deren einsehbaren Zellen als äußerer Ring angeordnet waren. Das Panorama ist die ausgeprägteste Form des langen Ringens um die Zentralperspektive, denn es ist auf den Blick im Zentrum ausgerichtet. Nur die Virtual-Reality-Brillen mit ihren Erste-Person-Perspektiven kommen dem gleich. Es ist die Position der Souveränität, die Sicht jener, die das Heft des Handelns in der Hand halten. Seit der Renaissance setzte sich diese Art der Darstellung in der Malerei durch und mit ihr ein mathematisches Sehen, was die Raumwahrnehmung betrifft. Wir sind diesem bereits begegnet. Das distanzierte Beobachten wurde zum Ideal – man denke an den Philosophen Descartes, der müßig den Wachsball zwischen den Fingern rollte und zum Schluss kam, dass die Existenz seines Gedankens sein komplettes Dasein beweist: »Ich denke, also bin ich.« Dieser Blick, perspektivisch und distanziert, leitet auch die Naturwissenschaften an und die Ingenieurperspektive: Die Natur ist Verfügungsmasse, das Sichtfeld wird verdinglicht.

Analog vollzog sich mit Anbruch der Moderne ein Perspektivwechsel, der die Innenwelt betraf: Die Herkunft von Gefühlen wurde neu gedeutet. In der Antike war der Mensch von seinen Gefühlen ergriffen, sie widerfuhren ihm und er war dieser Art Überfall von außen ausgeliefert. Dieser Vorgang ändert nun die Richtung und die Gefühle werden zentriert. Jetzt wird der Mensch zum emotionalen Zentrum seiner selbst. Wie Handlungen als vom Subjekt intendiert gedacht werden, so sollen auch Gefühle möglichst emotionale Akte sein – selbst wenn die persönliche Erfahrung Anderes lehrt. Sie sollen, folgt man den Theorien von Intention und

Bedeutung, bewusste Akte sein, reflektiert und absichtsvoll. Man kann sich als Modell hierfür den Mensch im Panorama vorstellen, der alles im Blick hat und mit diesem Blitze ins Rund seiner Umwelt schleudern kann. Die Position des zentralen Souveräns, Teil der Natur und doch aus ihr herausgehoben, entspricht dem gesteigerten Selbstwert des Subjekts. Natürlich prägte auch diese Vorstellung vom Charakter der Welterfahrung wiederum das reale Erleben.

Ich und Nichtich, Ding und Nichtding, Subjekt und Objekt: Am deutlichsten zeigt sich dieses Muster im Deutschen Idealismus, der sich unter anderem mit den aller Erfahrung zugrunde liegenden und sie vorformenden Kategorien beschäftigte. Aber auch die Betonung von souveräner Urteilskraft und dem Mut, sich auf diese zu verlassen, und die Pflichtethik basieren auf diesem Subjektentwurf. Der Mensch ist geboren, um frei zu sein – und sich vernunftgemäß an bürgerlichem Gesetz und moralischer Ordnung zu orientieren. Diese Darstellung ist natürlich eine Karikatur, die nur der Verdeutlichung dienen soll. Aber auch diese Mitteposition in der räumlichen Wahrnehmung ist insofern politisch, als dass sie die Idee der bürgerlichen Gemeinschaft unterstützt. Denksysteme und philosophische Ideen sind immer Kinder ihrer Zeit: Welt-Anschauungen und soziale Wirklichkeit bedingen sich gegenseitig.

Falsche Bilder können auch falsche Überzeugungen formen, wie eine Befragung der Politikwissenschaftlerin Stine Marg zeigt: So sei »die Mitte gekennzeichnet durch einen Wunsch nach einer gewissen sozialen Homogenität, die sich auch in ihren Bürgerbegriff eingeschrieben hat. Ihre Selbstsicht als Teil einer großen Mitte der Gesellschaft verführt sie zu der Vorstellung, dass es einen einheitlichen Bürgerwillen gibt. Unter den Teilnehmern konnte die Konstruktion eines sich einigenden Subjektes, eines *volonté générale*, beobachtet werden. Sie vertreten die Annahme, dass sich der Bürgerwille unmittelbar zeige, nicht dechiffriert werden müsse, nicht beeinflussbar sei und frei jeglicher egoistischer Interessen wäre.«[192] Auch der *common sense*, der gesunde Menschenverstand, ist Ausdruck von zum Gemeinsinn erklärter geistiger Mitte. Seine Anrufung unterbricht Debatten, wiegelt ab, deckelt Konflikte. Nicht selten wird mit dem Ruf nach Mitte die Besinnung auf als etabliert erklärte Werte eingefordert und die exklusive Gemeinschaft der offenen Gesellschaft vorgezogen. Das ist politisch folgenreich, weil es die Demokratie untergräbt und ihre Aushandlungsprozesse aushebelt. So wird der vermeintlich allen innewohnende gesunde Menschenverstand als großer Vereinfacher immer dann herangezogen, wenn die Sachverhalte kompliziert sind. Der Mensch ist aber nicht dafür gemacht, rasch »aus dem Bauch« heraus zu urteilen. Ohne Kompetenz und Evidenz irren wir meistens. Einige können sich selbst längst erwiesene Fakten kaum vorstellen, etwa ein kugeliges Gebilde im All zu bewohnen, ohne herunterzufallen. In der Corona-Pandemie konnten wir sehen, dass es nicht wenige Menschen gibt, die sogar die Existenz von Viren an sich leugnen. Und selbst Impfwillige taten sich schwer mit der Abschätzung der entsprechenden Impfstoffwirkung – vom Versagen der Politik, was verständliche Informationen und Widerspruchsfreiheit betrifft, einmal abgesehen. Ein Wirkungsgrad von 60 bis 70 Prozent galt manchen als schlecht, weil sie nicht wussten, dass ein Grad von 45 Prozent bei Grippeschutzimpfungen als hoch gilt. Kurzum: Der gesunde Menschenverstand ist besserwisserisch und meistens antiintellektuell. Darum ist er der beste Freund aller Populisten und Feind der Wissenschaft. Verwandt mit dem gesunden Menschenverstand ist das »gesunde Volksempfinden«. Mit Verweis auf dieses gilt dann keine ethische Überlegung oder Zurückhaltung mehr, dann brechen alle Dämme. Das kann man wiederum in Pandemie-Zeiten besonders deutlich beobachten, wenn Kritik an bestimmten Maßnahmen bereits im Namen der Vernunft und natürlich Mitte für sich beanspruchend weggebissen werden soll. Oder die Einschränkung der Demonstrationsfreiheit gefordert wird.

Die Vorstellung der sozialen Einheit und Harmonie aller sich zur Mitte zugehörig Fühlenden hat eine fatale Konsequenz. Der unterstellte gemeinsame Willen provoziert die Frage, warum die Politik nicht diesem folgt. Weshalb erkennen die Verantwortlichen nicht die Lage, die dem Mensch der Mitte so klar vor Augen ist? Demokratie bedeutet dann nicht mehr das Aushandeln von Interessen verschiedener gesellschaftlicher Gruppen und Schutz von Minderheiten. Politiker werden zu Erfüllungsgehilfen degradiert, die diesen Willen umsetzen sollen. Das bedeutet eine Entmündigung der Politik. Allerdings bedient und unterstützen jene Politiker dieses Spiel, deren Hauptaugenmerk auf Meinungsumfragen liegt. Wenn Demokratie maßgeblich von Demoskopie abhängt, droht die Zunahme populärer und populistischer statt richtiger und richtungsweisender Entscheidungen. Zugleich verstärkt das das Nichtvernehmen von Stimmen, die nicht der Mitte zugeordnet werden.

Das bürgerliche Subjekt will Identität, die ihm die Zugehörigkeit zur Mitte garantiert, welche zugleich fürs ganze Land sprechen soll. Diese Ideologie des souveränen bürgerlichen Subjekts, das Individuum ist, aber sich doch nicht zu sehr von den anderen unterscheidet, erzeugt auch die Einbildung des Ottonormalverbrauchers. Denn wer zur Mitte der Gesellschaft zählt, ist normal und Durchschnitt. Wie es Andreas Bischof und seine Mitautoren unter Überschrift »Die Flucht ins Normale« notierten: »Der Durchschnittsmensch steht für eine historisch neue Form der Ordnung von Individuen – die Ordnung um das Normale herum. Das Normale gilt dann gleichzeitig als das Zentrum, das es zu erreichen gilt. Das Normale ermöglicht so die Zentrierung menschlicher Maße auf ein Ideal hin.«[193] Die moderne Welt wird reguliert von Normen, expliziten wie den DIN-Normen und weniger augenscheinlichen wie Normalfigur oder -größe.

Natürlich ist das praktisch, wenn die Schraube zur Mutter passt oder garantierte Sicherheitsstandards im Fahrstuhl verbaut sind. Werden solche Normen aber für den Menschen festgelegt, wird es problematisch. Dann gedeiht die Norm zum Konkurrenzmodell beziehungsweise zum für alle geltenden Maßstab. Es führt außerdem zu jenen Ausgrenzungsprozessen, die das Auftreten des Durchschnittsmenschen historisch mit sich brachte, der in der ersten Hälfte des 19. Jahrhunderts zur Wissenschaftsfigur wird. Mit Adolphe Quetelet war es selbstverständlich ein Statistiker, der diesen mittleren Zahlenmenschen formte. Vom Brustumfang bis hin zu Charaktereigenschaften entdeckte Quetelet eine Normalverteilung, Tricksereien schließt die Wissenschaftsgeschichte nicht aus. Von der rein beschreibenden Beobachtung wechselte Quetelet zu einer normativen Betrachtung: »die Häufung um den Durchschnitt war für ihn ein Ausdruck von Schönheit. Der von ihm daraufhin konstatierte homme moyen (mittlere Mensch), der alle Eigenschaften im Durchschnitt vereint, sollte ein Idealtyp des Menschen abbilden – im politischen wie auch ästhetischen Bereich«.[194] Statt lediglich Durchschnittsgrößen zu ermitteln, gerinnt der Durchschnitt zur Norm, an der sich der Mensch orientieren und optimieren soll, um ihr zu entsprechen. Normierung wird zur Sozialtechnik, die auch Unterordnung und Unterwerfung beinhaltet. »Normalismus« nannte der Diskurstheoretiker Jürgen Link dieses Prinzip.

Normalwerte werden in vielen Bereichen produziert: für die Körpertemperatur und den Blutdruck, den Cholesterinspiegel und das gesunde Maß sexueller Betätigung. Selbst die Intelligenz drückt ein Quotient aus. Ob das alles überhaupt in quantitativen Größen messbar und erfassbar ist, sei dahingestellt. Es wird aber getan und diese Normzahlen haben lenkende Funktionen. Der Body-Mass-Index (BMI) ist ein Beispiel für eine solche in der Breite wirksame Maßzahl. Er dient zur Einschätzung des Körpergewichts. Im Medizin-

und Gesundheitsbereich mag der Index ein erstes Hilfskriterium sein, auch wenn das Verhältnis von Gewicht zur Körpergröße ein relatives ist. So schlägt er bei Menschen mit viel Muskelmasse oder schweren Knochen falsch aus. Der BMI hat sich aber auch zum Instrument der Diskriminierung entwickelt, weil er einfach zu bestimmen ist (Körpermasse : Körpergröße^2). Die Abwertung von Menschen jenseits der BMI-Normzahl als »fett«, »übergewichtig«, »hässlich« wirkt dadurch wie wissenschaftlich abgesichert. Der BMI wird außerdem zum potentiellen Disziplinierungsinstrument, wenn etwa Krankenkassen, Arbeitgeber oder Jobcenter Menschen dazu anhalten, sich in »Mobilisierungsprogrammen« fit zu trimmen. Beim Verfehlen eines »normalen« BMI-Werts können Beitragssteigerung, Kündigung und Kürzung der Bezüge drohen.

Ist das ideale Symbol der Mittelschicht die Zwiebel, so steht die Gaußsche Glockenkurve für den Normalismus. Sie stellt die so genannte Normalverteilung dar: Immer weniger wahrscheinlich sind Abweichungen nach oben oder unten, je weiter sie sich vom Mittelwert entfernen. Durch diese statistische Funktion wird Mitte messbar, so Jürgen Link: Normal ist, »was sich in der Mitte in statistischer Häufung findet, zwischen zwei Extremen, die man entweder oben oder unten von der Mitte, als vertikal situieren kann oder horizontal, also links oder rechts.«[195] Der Normalismus unterscheidet sich von Formen der Normativität, also dem vorab fixierten Normdiktat. Dort ist festgeschrieben, was Norm, was erlaubt und deviant ist. Im Normalismus hingegen wird die scheinbar natürliche Norm erst ermittelt, die dann als allgemeingültig angesehen wird. Hier schließt man von einem Sein auf ein Sollen, um einen Platz für Verlässlichkeiten und einen Schutzort der Selbstpositionierung im gesellschaftlichen Herzen zu schaffen. Es entsteht ein Gesellschaftsbild von mittleren, durchschnittlichen Menschen, die das Zentrum bilden. Was statistisch gehäuft auftritt, muss normal sein, so das Hintergrundrauschen unserer Gesellschaft. Gegenüber diesen Personen im Kern befinden sich alle anderen in der Peripherie. Die Norm ermöglicht die Konstruktion von Zusammenhalt. Der Durchschnitt gestattet das Zerteilen des Gesellschaft analog zu den Denkmodi der Mittelschicht und politischen Mitte, mit denen die Durchschnittsmitte oft gleichgesetzt wird. Die drei Mittemotive hängen miteinander zusammen und bestärken einander. »Wenn man ein Zentrum postuliert, kann man die Menschen, die nicht dem gesellschaftlichen Konsens entsprechen, als Periphere stigmatisieren und von ihnen die Orientierung am Zentrum, am Normalen einfordern. Die Integration der Gesellschaft läuft über die Idealisierung des Durchschnitts, der Mitte.«[196]

Die klassische Disziplinargesellschaft, in welcher der Staat und die Regierenden direkt auf die Bürger einwirkten, wurde vom Normalismus abgelöst, in dem sich das Subjekt selbst normalisiert, sich freiwillig eine Durchschnittsidentität aneignet und sie verinnerlicht. Der Mensch wird nicht mehr abgerichtet, sondern fügt sich selbst, weil er sich mit der Mitte und ihren Maßstäben identifiziert. In der Regel führt der Normalismus dazu, dass sich wesentliche Teile der Bevölkerung selbst regulieren durch Anerkennen und Nachleben der statistisch erkannten Normen. Krisenzeiten jedoch bedingen einen deutlicheren Ruf zur Integration. Dann kann auch kontrolliert und diszipliniert werden, um »das« Normale herzustellen und zu sichern. Man kann das an den wiederkehrenden Leitkulturdebatten beobachten, die Werte eines »Kulturkreises« ins Zentrum stellen, und das ist keinesfalls metaphorisch gemeint. Ein Disziplinargedanke steckt hinter der permanenten Aufforderung zur »Integration« an Migranten oder als nichtdeutsch angesehene Menschen. Das gleiche Muster steckt hinter dem Hartz-IV-Regime, das Menschen mit Maßnahmen und Sanktionen in den Arbeitsmarkt »integrieren« soll. Sie werden als »Faulenzer« und »Sozialschmarotzer« kriminalisiert. Ihnen wird persönlich die Schuld für ihre Lage zugeschoben und die Gesellschaft aus der Verantwortung entlassen. Sie entsprechen nicht der Norm – die Mehrheit der Anderen schafft es doch auch. »Normalismus ist der Steuerungsmodus für eine Gesellschaft, die keine Utopie, kein Programm, kein Ziel und keinen Master-Plan hat. Es ist der Steuerungsmodus für eine Gesellschaft, die mit einer handvoll mehr oder weniger geachteter Leitsätze auskommt, für eine Gesellschaft des Spiels [...] für eine Gesellschaft des Sozialdarwinismus. Was möglich ist, weiß man hinterher.«[197]

Die Zugehörigkeit des Durchschnittsmenschen zur Mitte der Gesellschaft und die daraus folgenden Projektionen der Nichtzugehörigkeit haben nicht nur Auswirkungen auf die Rechte von Minderheiten. Denn diese Konzentration auf den Durchschnittsmenschen führt dazu, dass er unter anderem als Blaupause für Ingenieure dient und als unausgesprochene Norm überall verbaut wird. Das kann Dysfunktionalitäten für Menschen bedeuten, die dieser nicht entsprechen. Wenn zum Beispiel der Sensor eines Seifenspenders nur auf helle Haut reagiert oder die Bildbearbeitung eines Mikroblogging-Dienstes nur die Porträts weißer Menschen automatisch zentriert, ist das nicht beabsichtigt. Eine Diskriminierung stellt das dennoch dar – und kann auch tödliche Folgen haben, wenn man an die Sensortechnik selbstfahrender Autos denkt: Nicht auszumalen, was passiert, wenn ein Auto nicht alle Menschen als Menschen erkennt. Die Orientierung an nicht ausgewiesenen Normen hat in vielen Bereichen gravierende Auswirkungen. Crashtest-Dummys waren lange Zeit simulierte Normmänner. Das übliche Modell orientiert sich an einem 30-Järigen mit einer Körpergröße von 1,75 Metern und einem Gewicht von 78 Kilogramm. Dadurch steigt für kleinere Menschen das Verletzungsrisiko bei Unfällen. Für Frauen ist das Risiko aufgrund anatomischer Unterschiede zum vorausgesetzten Normmann noch einmal größer. Als fast doppelt so hoch veranschlagte eine EU-Studie das Risiko. Auch bei der Früherkennung von Krankheiten kann es problematisch werden, wenn die dafür zugrundeliegenden Daten nur von einem biologischen Geschlecht stammen. So erkennen Mediziner bei Frauen einen Herzinfarkt seltener, weil diese andere Frühsymptome zeigen als Männer, deren Daten dem Diagnosekatalog zugrundeliegen. Setzt man voraus, dass es nicht nur zwei Geschlechter gibt, und soziale, ökonomische und kulturelle Unterschiede ebenso Lebenssituationen beeinflussen, dann ist es verzerrend bis ignorant, auf schmaler Datenbasis beruhende Maßstäbe zur allgemeingültigen Norm zu erklären. Das resultiert nicht aus böser Absicht oder intendierter Diskriminierung, sondern ist struktureller Natur. Was es natürlich nicht besser macht, wenn viele Menschen in Büros nur deshalb frieren, weil sich die ideale Raumtemperatur am Stoffwechsel eines durchschnittlichen 40-Jährigen orientiert.

Der Normalismus wirkt überdies direkt auf die politische Ebene zurück, ist er Basis von Prognosen. Erst recht, wenn man aus den Meinungen vieler Experten eine mittlere Prognose erstellt; hier ist wiederum die Normalverteilung am Werk. Oder wenn die Politiker Idealbilder wie den »kleinen Mann« oder die »normale Familie« zur Grundlage ihrer Entscheidungen machen: »die Mitglieder der fiktiven Familie sind mit ihren Hauptbeschäftigungen ›hart arbeiten‹ und entweder ›bescheidenen Wohlstand genießen‹ oder ›um gesellschaftliche Teilhabe kämpfen‹ weitgehend ausgelastet.«[198] Gegen alle möglichen Veränderungen wird »der kleine Mann« als rote Karte gezogen, ob es sich nun um fleischlosere Ernährung, Tempolimits oder das Recht auf Beleidigung geht. Hier entdeckt konservative Politik plötzlich ihre soziale Seite – solche Veränderungen seien unsozial und den »normalen Menschen« nicht zuzumuten. Dass diese erdachte Familie nur ein Abziehbild der Wirklichkeit ist, entsprungen der Angst einiger Politiker oder ihren ureigenen Überzeugungen, fechtet sie nicht an, das Bild immer wieder zu bemühen. Entlarvend, als hätte es das noch gebraucht, war da die AfD-Kampagne zur Bundestagswahl 2021: »Deutschland. Aber normal.«

Diese Normalitätspolitik ist die verschleierte Seite jener Identitätspolitik, über die seit einiger Zeit lautstark debattiert wird. Also jener Politik, die mit Identität und Gruppenzugehörigkeit argumentiert; in der Regel werden Forderungen nach diversen Minderheitenrechten unter »Identitätspolitik« verbucht. Es gibt aber auch identitäre Mittepolitik. Man begegnet dieser Art in vielen Formen, nehmen wir das erwogene Verbot, neue Einfamilienhäuser zu bauen. Das Argument der Grünen war rational: Eigenheime sind unökonomisch gemessen an der Bereitstellung von Wohnraum, sie zersiedeln, versiegeln Fläche und fördern, durch die Pendlerpauschale unterstützt, die Umweltverschmutzung. Das Gegenargument wurde – auch das ist plausibel – lebensweltlich geführt. Es ging um Gewohn- und Freiheitsrechte und darum, dass ein Eigenheim nun einmal dem normalen Wunsch der normalen Familie entspricht. Hier wurde also mit Gruppenzugehörigkeit argumentiert, ohne das als Identitätspolitik auszuweisen. Wahrscheinlich ist den meisten, die so diskutierten, das gar nicht aufgefallen. Denn auch das ist typisch für das normal-bürgerliche Subjekt. Er – es gibt nur den Normalo – agiert wie der Mittelspurfahrer auf der Autobahn, der partout das Rechtsfahrgebot nicht einhält. Es ist eine Mischung aus Gedankenlosigkeit und Ignoranz, Selbstübersteigerung und Überheblichkeit, die ihn blind für alles außer ihm selbst macht. »Der Kern ist der nach wie vor weit verbreitete Irrglaube, der Nabel der Welt und damit das Subjekt schlechthin zu sein«, beschreibt die Autorin Sybille Berg diese soziale Figur. »Das Subjekt, das grundsätzlich wichtiger und daher allen anderen überlegen ist und das sich im Fall von vermeintlichen, das heisst als solche gefühlten Kränkungen das Recht herausnehmen kann, seine als beschädigt geglaubte Männlichkeit zu reparieren – notfalls eben auch mit Gewalt. Zu diesem Narzissmus und dem gefährlichen Umgang mit ihm gehört die wohl immer noch tief verankerte Vorstellung einer engen Verwandtschaft von sexueller und sozialer, ökonomischer und politischer Potenz. Und dieses Potenzial ist politisierbar, indem die Nation, die Erde und die Heimat als weiblich assoziiert werden und die Männer sich dann im armseligen Brustton ihres doppelten – völkischen und frauen-feindlichen – Chauvinismus als Bewahrer, Schützer und Retter von beiden, den Frauen und der Nation, stilisieren können.«[199]

Ex-Bundestagspräsident Wolfgang Thierse zog in der Diskussion um die Identitätspolitik nolens volens den Schleier bei Seite: »Ich bin mittlerweile zum Symbol geworden für viele normale Menschen«.[200] Eine auf Gendersternchen konzentrierte SPD-Politik würde die Lebensrealität dieser Menschen nicht abbilden. Noch deutlicher schrieb ein Zeit-Autor: »Aber wer glaubt, dass Verbrechen und Extremismus aus den ›Strukturen‹ dieses Landes erwachsen, also auch und gerade aus seiner Mitte, der bezichtigt und entfremdet seinen Hauptverbündeten im Kampf gegen Rassismus.«[201] Beide fühlten sich in ihrer Mitte- und Normalposition angegriffen. Es ist eine häufige Reaktion, dass die Erwähnung von möglicherweise bestehenden diskriminierenden Strukturen innerhalb der Gesellschaft von als normal geltenden Menschen als direkter Affront gegen ihre eigene Identität interpretiert wird. Nur müssen sie das nicht sichtbar machen, ihre eigene »normale« Position nicht extra ausweisen, sondern können sich gegen die »Unnormalen« oder gar »Abnormalen« wenden. So hart muss man es dieser Logik. nach formulieren, der auch Sahra Wagenknecht folgt, wenn sie vom »Rummel um Diversity und Quoten« spricht.[202] Hierin dokumentiert sich die Macht, welche der Normalismus verleiht an jene, die ihm entsprechen. Und diese Macht droht sich aufzulösen oder geteilt zu werden, wenn sie zum Gegenstand der Kritik wird. Normalität wird auf diese Weise selbst identitätspolitisch eingesetzt, um eine Debatte abzuwürgen, die sich diskriminiert fühlende Menschen angestrengt haben. Sie und ihre Belange werden abqualifiziert, ja: belächelt und pathologisiert, ohne überhaupt ihren Anspruch zu prüfen. Als Nicht-Normale haben sie still zu sein. Sie sind als Andere markiert, weil sie die statische Ordnung des Normalen stören. An dieser Stelle ist nicht der Ort, möglichen Übertreibungen und eigenen Anmaßungen innerhalb der vielen Stimmen, die als identitätspolitisch gelten, nachzugehen. Es soll der Hinweis genügen, dass der Vorwurf, eine schwule, kosmopolitische, postmigrantische Identität helfe auf dem Aufmerksamkeitsmarkt, übersieht, dass sie unter »Normalen« in der Kleinstadt mutmaßlich zu Gewalt führt.

Gewiss ist es anstrengend, immer neue Debatten führen und die Fragen von Respekt und Anerkennung aushandeln zu müssen. Aber das ist halt das Wesen der Demokratie, sie ist unabgeschlossen. Wer einer imaginierten Normalität das Wort redet, will diesen Prozess an einem Punkt aussetzen, weil es jetzt genug sei. Die »normalen Leute« wären überfordert. Ein Argument ist das nicht, weshalb die Identitätspolitik der Normalität mit Verschleierung arbeitet. Normalität wird mit neutral gleichgesetzt – eben Mitte –, damit verborgen bleibt, wie politisch dieses Normale ist. Somit gab es Identitätspolitik früher, als der Name dafür existierte. Dass das Althergebrachte, »so wie wir es immer gemacht haben«, auch ideologisch, sein kann, dass Normalität auch Ideologie ist, rückt jetzt ins Licht, wo sie in Frage gestellt wird. Das kann man auch positiv wenden, wenn man den Begriff »Identitätspolitik« nicht allein auf Stimmen und Bewegungen überträgt, die sich gegen die eigene Diskriminierung verwehren oder Mitbestimmung einfordern, sondern auf alle Positionen, die von der Identität der betreffenden Positionen argumentieren. Damit wäre eine analytische Kategorie gewonnen, die nicht nur bei der Entschleierung der Normalität hilft, sondern auch dabei, Ansprüche zu verstehen und zu überprüfen. Mit ihr kann man trennen zwischen materiellen Argumenten und kulturell-emotionalen. Ein Blick auf die Durchschnittsgehälter bei Männer und Frauen etwa zeigt, dass die Forderung nach einer Frauenquote nicht allein symbolisch ist, sondern ökonomisch begründet. Das Festhalten an Fleischkonsum hat dann viel mehr mit Gewohnheit, Identität und Kultur zu tun. Allein das Thema Mülltrennung, das vom einst staatlichen Diktat zur Eigenart der Deutschen wurde, zeigt, wie wandelbar Normalität ist. Nimmt man dem Wort »Identitätspolitik« den negativen Beigeschmack, hat man ein neues Analyseinstrument, mit dem ein etwas unverstellterer Blick auf die Gesellschaft möglich wird.

In medias res: Bildstörung

Turning and turning in the widening gyre
The falcon cannot hear the falconer;
Things fall apart; the centre cannot hold;
Mere anarchy is loosed upon the world[203]

»Niemand kann behaupten, er repräsentiere die schweigende Mehrheit: Das ist ihre Rache«.[204] – Wenn der Politikwissenschaftler Herfried Münkler über politische Metaphern im Allgemeinen urteilt, ihre Wirkmächtigkeit rühre daher, »weil es sich bei ihnen eher um in Begriffe gefaßte Bilder als um bebilderte Begriffe handelt«,[205] so trifft das im Besonderen auf den Mittetopos zu. Dessen scheinbare Natürlichkeit erzeugt eine bestimmte Welt-Sicht, ein Symbolsystem mit immenser Ordnungsmacht. Durch das Axiom des Maßes gesetzt, kommt in der Mitte die Frage der Angemessenheit des Mittelmaßes gar nicht erst auf: Wieso soll eigentlich immer Mitte gut tun? Mit anderen Worten: Wir finden die Mitten nicht in der Welt, sondern tragen sie dorthin. Sie helfen, unsere Erfahrung zu strukturieren, denn Bilder und Symbole verdichten Informationen. Sie können aber auch missleitend sein. Mit der Mitte ist es wie mit einem Tunnelblick: Man merkt gar nicht, dass man mit eingeschränktem Gesichtsfeld auf die Welt schaut. Durch die Mittebrille geschaut, offenbaren sich überall entsprechende Muster. Solche Bilder sind resonanzfähig und in unserem Alltag verankert. Man versteht automatisch ihre Botschaft, sie muss nicht erklärt werden, wenn sie Unvertrautes an etablierte Deutungen koppeln. »Auch und gerade wenn Begriffe fehlen, sorgen Kollektivsymbolsysteme dafür, dass die Einzelnen über komplexe Zusammenhänge ›im Bilde sind‹ und ›im Bilde bleiben‹.«[206] Die Mitte ist in einiger Hinsicht problematisch, gerade wenn sie in gesellschaftlichen Belangen Ordnung verspricht, wo es unübersichtlich ist. Das sollte in dieser tour de force durch die Motivik der Mitte, deren unvermeidlicher Sammelsuriumscharakter der Bilderfülle geschuldet ist, deutlich machen. – Eine entscheidende Bildstörung lässt auf sich warten.

Wie sich etwas Emblematisches wie die Mitte vor die eigene Wahrnehmung schieben kann, ist an Fulcher von Chartres beispielhaft zu sehen, einem wichtigen Kreuzzug-Chronisten Er berichtet unter anderem von der Gründung des Königreichs Jerusalem durch die Kreuzfahrer. Obwohl er sich lange Jahre in Jerusalem aufhielt und daher die Stadt aus eigener Anschauung gut kannte, stellte er sie als ein idealtypisches Schema dar. Er nutzte als Symbol für die Stadt das Kreuz im Kreis, das nicht der Wirklichkeit entsprach. Das Symbolische triumphiert über das Reale. Ähnliches ist zu beobachten, wenn von einer politischen oder gesellschaftlichen Mitte die Rede ist. Obwohl man sie inhaltlich nicht klar bestimmen kann, teilen viele Menschen die Überzeugung, dass es sie geben muss.

Als Wertzentrum bleibt die Mitte leer. Auch andere Mitten bedürfen einer vorigen Konstruktionsleistung, denn sie lässt sich nur in Abgrenzung bestimmen, ob das nun eine politische Anschauung oder eine von Flüssen und Bergen eingerahmte Landschaft ist. Damit wird Mitte eher als Proportion sichtbar, was auch auf die Antike und besonders auf Aristoteles verweist: Die Mitte ist kein Ort, keine bestimmbare Größe, eher ein Verhältnis oder eine Haltung. Als Ideal mag das Mittelmaß ganz hübsch sein, wenn man es als roten Faden des Gewissens für das Alltagshandeln versteht. Dann ist es wie die goldene Regel (»Behandle andere so, wie du behandelt werden willst.«) eine praktische Handlungsmaxime, nicht zu viel des Guten zu tun oder nicht über den Hunger zu essen usw. Aber es hört auf, einleuchtend zu sein, wenn sich davon etwas ableitet, das zum Urgrund einer Argumentation oder politischen Handelns wird. Dann ist sie reine Behauptung, man setzt eine Norm, ohne es zugeben zu wollen. Das ist mit der Mitte geschehen. Man hat nicht nur der Gesellschaft unterstellt, eine Mitte zu haben, sondern leitet davon Normen ab. So betreibt man verschleierte Identitätspolitik, was die Diskussionen über das gute schöne Leben für alle Menschen verunmöglicht. Politiker maskieren mit dem Pochen auf die Mitteposition ihre eigene ideologische Agenda. Sie inszenieren Neutralität und können von hier aus ihre politischen Gegner unter Ideologieverdacht stellen.

Reale Auswirkungen etwa hat die falsche Zuordnung zu einer Mitte. Wer etwa, weil die Mitte ja so stark scheint, übersieht, dass eigentlich ein großes Maß an Ungleichheit herrscht in der Gesellschaft, was Einkommen, die Verteilung von Vermögen und Bildung- und Karrierechancen betrifft, ist weniger empfänglich für egalitäre Politik. Hier scheint, wie Studien zeigen, eine verzerrte Wahrnehmung zu herrschen. Und das hat eben genau mit dem Wirken der Mitte zu tun. Wird das Bild einer breiten Mitte bedient, werden tatsächliche soziale Unterschiede weniger sichtbar – und bleiben damit bestehen, weil sie nicht thematisiert werden. Gleiches bewirkt ein Eurozentrismus, der immer noch nicht anerkennt, dass sein Wohlstand und Fortschritt auf Kolonialismus und Ausbeutung ruhen und die Armen der Welt weiter mit Almosen abspeisen will. Ein solches Weltbild erschwert die Einsicht, globale Probleme auch global angehen zu müssen. Und es verstärkt die lähmende Angst, irgendwann nicht im Zentrum zu thronen. Dabei täte der Welt Solidarität statt »westlicher« Dominanz ganz gut. »Gerade die Leerformelhaftigkeit der Berufung auf eine imaginäre Mitte verbürgt deren ideologisch-politische Funktion. Ist doch heutzutage fast ein jeder von einer gewissen ›Rand-Angst‹ getrieben und deshalb geneigt, sich in eine Mitte zu verorten, die Solidität und Normalität symbolisiert.«[207]

Das heißt nicht, nie mehr von Mitte reden zu dürfen, können, sollen. Sprechverbote sind ohnehin meistens vielmehr Unterstellungen als reale Forderungen. Dieses Buch sollte lediglich sensibilisieren für die Fallstricke falscher Mittebilder. Selbstverständlich kann sie weiterhin zur Orientierung dienen. Warum nicht mehr von Mittag oder Stadtzentrum sprechen? Man sollte nur die Grenzen ihrer Eignung zur Strukturgebung einsehen, um offenen für andere Perspektiven zu sein. Warum sollte eine ausdifferenzierte Gesellschaft über eine feste Mitte verfügen? Mit dem Bild ist nichts gewonnen, wird zudem eine Zersplitterung angedeutet, wo nie ein Ganzes war. Differenzen und Widerstreit gehören zu einer demokratischen Gesellschaft dazu, die gilt es auszuhalten. Gewiss, das ist anstrengend, aber es hat ja niemand gesagt, die Welt wäre nicht kompliziert. Eine Kritik der Mitte heißt, sich des oft ideologischen Potenzials und Gehalts des Mittebildes bewusst zu werden. Um nicht darin gefangen zu sein. Daraus erwächst als guter Rat, sich mit der Verwendung von »Mitte« zu mäßigen, um den Mythos von Maß und Mitte nicht weiter zu befeuern.

Was, in einem falschen Zustand, von allen akzeptiert wird, hat, indem es diesen Zustand als den ihren bestätigt, vor jedem besonderen Inhalt schon sein ideologisches Unwesen.[208]

Endnoten

1 Lenk 2009
2 Die schönsten Sagen des klassischen Altertums, Bindlach 2002, S. 449
3 Wittgenstein 1951, § 115
4 Rainer Maria Rilke: »Der Panther«, www.projekt-gutenberg.org/rilke/neuegedi/chap027.html
5 Blaise Pascals, zit. n. Mayer-Tasch, S. 297
6 Backes 2006
7 Schwarzkopf, S. 211f.
8 Felix Weltsch: Das Wagnis der Mitte, zit. n. Fischer, S. 42
9 Jörn Ipsen: Der Staat der Mitte. Verfassungsgeschichte der Bundesrepublik Deutschland. München 2009, S. VIII.
10 Anonym: I Ging, München 1992, S. 161
11 Bauer, S. 294
12 Mayer-Tasch, S. 9
13 Ferdinand und Uta Fellmann (Hg.): Konfuzius: Das Buch von Maß und Mitte. Stuttgart 2015, S. 9 u. 13
14 1957, S. 36–45
15 Bowker, S. 270
16 Wander, S. 683
17 Jesse, S. 518
18 2006c, S. 166
19 Zit. n. Herzinger, S. 629
20 Zöhrich, S. 1038f
21 Voßkuhle, S. 50, 57f.
22 Haerdter
23 Der Spruch wird den sieben Weisen zugeschrieben.
24 Peters, S. 31
25 NE: 1108b
26 NE: 1106b
27 Pol: 1327b
28 NE: 1126b
29 Eickhoff, S. 221
30 Rainer Maria Rilke: »Ich lebe mein Leben in wachsenden Ringen«, http://rainer-maria-rilke.de/05a002lebensringe.html
31 Wendorff, S. 153f.
32 Landwehr, S. 176
33 Landwehr, S. 199f.
34 Wittgenstein 1921, § 6.44
35 Kramer
36 Wassmann
37 Wassmann
38 Sigmund Freud, zit. n. Brague, S. 3
39 Zit. n. Brague, S. 15
40 Meyer-Abich, S. 140

41 Zit. n. Houbraaten, S. 170
42 Pascal, S. 121f.
43 Baudler, S. 57
44 Seneca, zit. n. Brague, S. 8
45 König, S. 42
46 König, S. 43
47 Theweleit, S. 265ff.
48 Theweleit, S. 176f.
49 Papst Urban II., zit. n. Müller 1961, S. 53
50 Mayer-Tasch, S. 106
51 Markwardt
52 Friedrich Nietzsche: Also sprach Zarathustra, in: Werke in drei Bänden, Bd. 2, München 1954, S. 274–561, 420.
53 Felgenhauer
54 Mackinder, Klappentext
55zit. n. John 2001, S. 55
56 Zit. n. John 2008, S. 11
57 Zit. n. John 2001, S. 57
58 Geyer 1978, S. 40
59 Schultz 2005, S. 28
60 Schultz 1997, S. 3
61 Schultz 2005, S. 25
62 Schultz 2005, S. 25
63 Schultz 2005, S. 29
64 Münkler 2015b, S. 8ff.
65 Schultz 1997, 2f.
66 O.A. »Wo liegt die geografische Mitte Deutschlands?«, Osnabrücker Zeitung, 23.3.2015, www.noz.de/deutschland-welt/vermischtes/artikel/558948/wo-liegt-die-geografische-mitte-deutschlands#gallery&0&0&558948
67 Gibas 2003b, S. 25
68 Zit. n. Gibbas 2005, S. 208
69 Zit. n. John 2008, S. 31
70 Schultz 2005, S. 42
71 Beide Zitate zit. n. Haufe 2003, S. 18.
72 Böhlk 2021, S. 32
73 John 2003, S. 124
74 http://mittel-de.de/gesamt/inhaltgesamt/showcontent.php3?1=cat_literary&2= meta_literary&3=main_literary&4=rand_literary
75 John 2002, S. 18
76 Meinhard Creydt: »Björn Höcke droht mit ›Dunkeldeutschland‹«, Telepolis, 12.10.2018, www.heise.de/tp/features/Bjoern-Hoecke-droht-mit-Dunkeldeutschland-4186178.html?seite=all
77 RKW Architektur, https://rkw.plus/de/projekt/centro/#
78 Noack, S. 96f.
79 Oberreuter, S. 666

80 Zit. n. Schobert, S. 395
81 Müller 1961, S. 35
82 Eickhoff, S. 227
83 Rahmsdorf, S. 52
84 Arndt, S. 135
85 Flusser, S. 87
86 Koselleck 1975, S. 259
87 Böckler 2003, S. 215
88 Koselleck, S. 211f.
89 Derrida, S. 95
90 Picaper, S. 292
91 Solon, zit. n. Mayer-Tasch, S. 15
92 Spahn, S. 7
93 Krämer, S. 241f.
94 Aristoteles Pol. 1295b
95 Aristoteles Pol. 1296a
96 Aristoteles Pol. 1296b
97 Mayer-Tasch, S. 58
98 Schilling, S. 1
99 Mayer-Tasch, S. 68
100 Reudenbach, S. 98
101 Eickhoff 1997b, S. 491f.
102 Mayer-Tasch, S. 80
103 Bohrmann, S. 683
104 Mayer-Tasch, S. 107
105 Dierk Hagedorn 2014 (Hg.): Peter von Danzig: Transkription und Übersetzung der Handschrift 44 A 8, Herne, S. 28.
106 Spalding, S. 1701
107 Mayer-Tasch, S. 139
108 Heinrich Zedler, Bd. 21, Sp. 603, www.zedler-lexikon.de
109 Brandes, S. 75
110 Brandes, S. 77
111 Johann Wolfgang von Goethe: »Rheinreise«, in: Heinz Nicolai (Hg.): Goethe Gedichte, Frankfurt/M./Leipzig 1992, S. 152
112 Zit. n. Rudolf Vierhaus: »Bildung«, in: Otto Brunner et al.: Geschichtliche Grundbegriffe, Bd. 4, Stuttgart 1987, S. 508–51, 547.
113 Böhme, S. 31
114 1981, S. 47
115 1108b
116 Immanuel Kant: Idee zu einer allgemeinen Geschichte in weltbürgerlicher Absicht, in: Werkausgabe B. XI, Frankfurt/M. 1977, S. 36 & Arthur Schopenhauer: Die Welt als Wille und Vorstellung, Bd. I, Zürich 1999, S. 358.
117 Zit. n. Horst Stuke (1978): »Aufklärung«, in: Brunner, Otto/Conze, Werner/Koselleck, Reinhart (Hg.) (1978): Geschichtliche Grundbegriffe, Bd. 4, Stuttgart, S. 243–342,

288.
118 Hegel 1812/13, S. 68
119 Hegel 1830, S. 356
120 Kadritzke 2017, S. 11
121 Baumunk, S. 14
122 Bloch, S. 983
123 Weltsch, S. 171
124 Fischer, S. 49
125 Pascal, S. 121f.
126 Lemke, S. 219
127 www.elmshorn.de/Stadtporträt/Stadtmarke
128 Zit. n. Röhrich, S. 1038f.
129 Zit. n. Röttgers, S. 16
130 Corinna Kirschstein et al.: »Herbert Ihering. Umschlagplätze der Kritik«, Verlag Vorwerk 8, Berlin 2010, S. 296
131 Hesse, S. 58, S. 59
132 Kadritzke 2017, S. 9
133 Rolf G. Heinze: Die erschöpfte Mitte. Zwischen marktbestimmten Soziallagen, politischer Stagnation und der Chance auf Gestaltung, Weinheim 2011; Thomas Volkmann: Die Mitte unter Druck, Potsdam o. J.; Paul Nolte (2007); Alexander Hagelüken: »Die Mittelschicht schrumpft, die Politik schaut zu«, Die Zeit, 21.3.2017, www.zeit.de/wirtschaft/2017-03/wohlstand-deutschland-mittelschicht-abstieg-sozialsystem-loehne; Jana Sazepin et al.: Stirbt die Mitte? Konsumentenverhalten im 21. Jahrhundert: Herausforderungen und Strategien für Marketing, Stuttgart 2008, Hartwig Barthold, Stirbt die Demokratie? Die Auflösung der Mittelschicht und ihre Konsequenzen, Frankfurt/M. 2009.
134 Jäger, S. 9f.
135 Paul Nolte
136 Conze, S. 55
137 Zit. n. Conze, S. 51
138 Conze, S. 51
139 Conze, S. 51
140 Conze, S. 52
141 Conze, S. 55; Herv. i. Orig.
142 Conze, S. 61
143 Conze, S. 56
144 Conze, S. 67
145 Nathaus, S. 12
146 Nathaus, S. 12
147 Zit. n. Kadritzke 2017, S. 17
148 Geiger 1930, S. 235
149 Geiger 1932, S. 13
150 Benjamin, Kap. 93
151 Zit. n. Schildt, S. 302

152 Kracauer, S. 120
153 Schöneck/Ritter 2018b, S. 12
154 Dörre, S. 1
155 Kadritzke 2008
156 Westerwelle
157 Barbehön, S. 150
158 Barbehön, S. 154
159 Barbehön, S. 154
160 Andreas Grieß: »Deutsche fühlen sich als Mittelschicht«, Statista.de, 2.3.2016
161 Niehues u. Stockhausen
162 Kadritzke 2018
163 Bellani et al., S. 3
164 Karl Popper, zit. n. »Karl Popper über Toleranz«, Welt 23.9.2006, www.welt.de/print-welt/article154640/Karl-Popper-ueber-Toleranz.html
165 Czollek
166 Wilhelm Traugott Krug, zit. n. Backes, S. 127
167 Grosser, S. 20
168 Encylopaedia Universalis, zit. n. Lantz, S. 14
169 Lenk 2009
170 Maus, S. 66
171 Nolte 2002
172 Nolte 2002
173 Starg, S. 13
174 Zit. n. Schwarzkopf, S. 221
175 Zit. n. Geyer 2018
176 Theo Sommer, zit, n. Grahler, S. 90
177 Grahler, S. 88
178 Zit. n. Grahler, S. 88f.
179 Zit. n. Schwarzkopf, S. 236
180 Zit. n. Dürr 2002a, 31ff.
181 Zit. n. Schwarzkopf, S. 247f.
182 www.fdp.de/ein-angebot-aus-der-mitte-fuer-die-mitte
183 Dürr 2002a, S. 32
184 Görger, S. 45
185 Barb, S. 116
186 Eckard Jesse, Rosa-Luxemburg-Stiftung (2011)
187 ND
188 Prüwer 2014
189 Götschenberg
190 Zeile aus dem Lied »Hurra ich bin genormt« der Punkband ZK
191 Oettermann, S. 7
192 Marg, S. 259
193 Bischof et al., S. 118
194 Bischof et al., S. 117
195 Link 1995, S. 45

196 Bischof et al., S. 120
197 Ahbe 2005, S. 261
198 Stöcker 2019b
199 Sibylle Berg: »Nerds retten die Welt«, Republik 23.07.2019, www.republik.ch/2019/07/23/nerds-retten-die-welt
200 Löbbert
201 Jochen Bittner: »Dein Mitbürger, der Unterdrücker«, Die Zeit 11/2021, 11.3.2021, S. 11.
202 Beucker
203 William Butler Yeats: »The Second Coming«, www.online-literature.com/donne/780
204 Baudrillard 1999, S. 62
205 Münkler 1994, S. 8
206 Müller/Schmieder, S. 725
207 Lenk 2009
208 Adorno, S. 171Vorbemerkung

Literatur

Adorno, Theodor W. (1960): »Meinung Wahn Gesellschaft«, in: ders. (1963): Eingriffe. Neun kritische Modelle, Frankfurt/M., S. 147–71.

Ahbe, Thomas (2003): »Der Drang zur Mitte. Die Konstruktion von Normalität bei modernen Identitätsbildungsprozessen«, in: Gibas, Monika 2003a, S. 94–107.

— »Der Drang zur Mitte. Die Wirkung des ›Mitte‹-Propagems bei personaler Identitätsbildung und Politik-Propaganda in der Gegenwartsgesellschaft«, in: Gries/Schmale (2005), S. 251–66.

Altenburg, Detlef et al. (Hg.) (2008): Im Herzen Europas. Nationale Identitäten und Erinnerungskulturen, Köln/Böhlau.

Althaus, Thomas (Hg.) (2001a): Kleinbürger. Zur Kulturgeschichte des begrenzten Bewußtseins, Tübingen.

Althaus, Thomas (2001b): »Apologetischer Entwurf«, in: ders. 2001a, S. 1–20.

Arbeitsgruppe Zentrum und Peripherie in soziologischen Differenzierungstheorien (Hg.) (2011): Mythos Mitte, Wirkmächtigkeit, Potenzial und Grenzen der Unterscheidung »Zentrum/Peripherie«, Wiesbaden.

Aristoteles (NE): Nikomachische Ethik, übersetzt von Eugen Rolfes, Hamburg 1985.

— (Pol): Politik, übersetzt von Franz F. Schwarz, Stuttgart 2003.

Arndt, Karl (1992): »Architektur und Politik«, in: Albert Speer – Architektur, Frankfurt/M., S. 113–35.

Ayyadi, Kira (2019): »Algorithmen und die automatisierte Diskriminierung«, Belltower 17.12.2019, www.belltower.news/rassismus-und-sexismus-algorithmen-und-die-automatisierte-diskriminierung-91233

Bächtold-Stäubli, Hanns (1930): »Mittelfinger«, in: ders. (Hg.) (1987): Handwörterbuch des deutschen Aberglau-

bens, Bd. II, Berlin/New York, Sp. 1492f.
Backes, Uwe (2006): Politische Extreme. Eine Wort- und Begriffsgeschichte von der Antike bis zur Gegenwart, Göttingen.
Barb, Francesca et al. (2017): »Weil die Mitte in der Mitte liegt«, in: Timo Heim (Hg.): Pegida als Spiegel und Projektionsfläche, Wiesbaden, S. 111–41.
Barbehön, Marlon et al.: »Separate, but central? Distinktionspraktiken und Normalitätsanspruch der Mittelschicht in der medialen Repräsentation«, in: Schöneck/Ritter 2018a, S. 143–59.
Barthes, Roland (1981): Das Reich der Zeichen, übersetzt von Michael Bischoff, Frankfurt/M.
Baudler, Georg (1997): Das Kreuz. Geschichte und Bedeutung, Düsseldorf.
Baudrillard, Jean (1999): »Die schweigende Mehrheit«, übersetzt von Grete Ostermeier, Freibeuter 2/1999, S. 61–7.
Bauer, Wolfgang (1989): China und die Hoffnung auf Glück, München.
Baumunk, Bodo-Michael (1989): »Zur Ausstellung«, in: ders. (Hg.): Hauptstadt: Zentren, Residenzen, Metropolen in der deutschen Geschichte, Köln, S. 14–8.
Bellani, Luna et al. (2021): »Wenn alle Teil der Mittelschicht sein wollen: (Fehl-)Wahrnehmungen von Ungleichheit und warum sie für Sozialpolitik wichtig sind«, Policy Paper #6, www.progressives-zentrum.org/wp-content/uploads/2021/05/Policy_Paper_06_Bledow-Bellani.pdf
Benjamin, Walter (1933): »S. Kracauer, Die Angestellten«, Kritiken und Rezensionen 1912–31. Kap. 93.
Beucker, Pascal (2021): »Wahlkampf gegen die eigene Partei«, Taz 8.4.2021, https://taz.de/Wirbel-um-Wagenknechts-neues-Buch/!5759235
Bischof, Andreas et al. (2011): »Das Individuum als Zentrum«, in: Arbeitsgruppe Zentrum und Peripherie in soziologischen Differenzierungstheorien, S. 105–33.

Bloch, Ernst (1985): Das Prinzip Hoffnung, Werkausgabe V, Frankfurt/M.

Böcking, David und Martin Hesse: »Warum Merz nicht zur Mittelschicht gehört«, Spiegel-Online 15.11.2018, www.spiegel.de/wirtschaft/soziales/friedrich-merz-warum-er-nicht-zur-mittelschicht-gehoert-a-1238635.html

Böckler, Stefan (2003): »Grenze: Allerweltswort oder Grundbegriff der Moderne?«, in: Archiv für Begriffsgeschichte, Bd. 45, Hamburg 2003, S. 167–220.

Böhlk, Olaf (2020): »1921–2021: 100 Jahre Kampfbegriff ›Mitteldeutschland‹. Zur völkischen Radikalisierung eines geografischen Placebos«, https://independent.academia.edu/OlafBöhlk

— (2021): »Hundert Jahre »Mitteldeutschland«-Propaganda«, in: Kreuzer 03/2021, S. 32f.

Böhme, Hartmut (1979): »Elemente: Feuer, Erde, Wasser, Luft«, in: Wulf: S. 17–45.

Bohrer, Karl Heinz (2002): »Der Konsens-Staat«, Merkur 07/2002, S. 623–8.

Bohrmann, Karl (1993): »Mitte«, in: Robert Auty (Hg.) (1993): Lexikon des Mittelalters, Bd. VI, München, Sp. 683f.

Bowker, John (Hg.) (1997): Das Oxford-Lexikon der Weltreligionen, übersetzt von Karl-Heinz Golzio, Frankfurt/M. 2003.

Brandes, Peter (2006): »Die ›gemäßigte Witterung‹ der Kunst. Ästhetik der Mitte um 1800«, in: Schmitz-Emans 2006a, S. 75–87.

Braque, Rémi (1994): »Geozentrismus als Demütigung des Menschen«, übersetzt von Gennaro Ghirardelli, Internationale Zeitschrift für Philosophie, 1/1994, Stuttgart, S. 2–25.

Bude, Heinz (2015): »Das Unbehagen in der bürgerlichen Mitte« in: BpB, S. 197–205.

Büchmann, Georg (1864): Geflügelte Worte. Der Zitaten-

schatz des deutschen Volkes, Berlin 1961.
Bundeszentrale für politische Bildung (BpB): Oben – Mitte – Unten. Zur Vermessung der Gesellschaft, Bonn 2015.
Conze, Werner (1978): »Mittelstand«, in: Otto Brunner et al. (Hg.): Geschichtliche Grundbegriffe, Bd. 4, Stuttgart 1978, S. 49–92.
Czollek, Max (2021): »Bürgerliche Mitte bedeutet auch heute meistens eine Legitimierung rechter Diskurse, die als Meinung einer vermeintlich schweigenden Mehrheit beworben wird«, WOZ 20.5.2021, www.woz.ch/-b8c8
de Bruyn, Gerd (1996): Die Diktatur der Philanthropen. Entwicklung der Stadtplanung aus dem utopischen Denken, Braunschweig/Wiesbaden.
Dimbath, Oliver: »Die Mittelschicht-Bias der soziologischen Zeitdiagnostik«, in: Schöneck/Ritter 2018a, S. 313–30.
Derrida, Jacques (2003): Schurken. Zwei Essays über die Vernunft, übersetzt von Horst Brühmann, Frankfurt/M. 2006.
Dörre, Klaus et al. (Hg.) (2018): »Arbeiterbewegung von rechts? Motive und Grenzen einer imaginären Revolte« Berliner Journal für Soziologie, 5/2018.
Dorn, Thea/Wagner, Richard (2011): Die Deutsche Seele, München.
DPA: »Gauland sieht Höcke ›in der Mitte der AfD‹«, Westdeutsche Zeitung 28.10.2019, www.wz.de/politik/inland/thueringen-gauland-sieht-hoecke-in-der-mitte-der-afd_aid-46805377
Dürr, Tobias (2002a): »Was ist und wem gehört die Neue Mitte? Überlegungen zum Parteienstreit um einen strategischen Begriff«, in: Mayer/Meier-Walser 2002, S. 30–42.
— (2002b): »Die Linke nach dem Sog der Mitte«, BpB 9.6.2002, www.bpb.de/apuz/26903/die-linke-nach-dem-sog-der-mitte
Eickhoff, Hajo (1997a): »Haus«, in: Wulf 1997, S. 221–30.
— (1997b): »Sitzen«, in: Wulf 1997, S. 489–500.

Eliade, Mircea (1957): Das Heilige und das Profane. Vom Wesen des Religiösen, übersetzt von Eva Moldenhauer, Frankfurt/M. 1984.

Erdmann, Elena et al. (2018): »Wer ist Mittelschicht?«, Zeit-Online 6.12.2018, www.zeit.de/wirtschaft/2018-12/mittelschicht-einkommen-deutschland

Ertner, Stephan (2011): »Sehnsuchtsort Mittelschicht«, Heinrich-Böll-Stiftung 15.2.2011, www.boell.de/de/navigation/soziales-diskussion-was-ist-los-mit-der-mittelschicht-11189.html

Falter, Matthias (2001): »Critical Thinking Beyond Hufeisen. ›Extremismus‹ und seine politische Funktionalität«, in: Leipziger Forum für kritische Rechtsextremismusforschung 2011, S. 85–101.

Fähnders, Till (2019): »Die Tücken einer neuen Hauptstadt«, FAZ 26.8.2019, www.faz.net/aktuell/politik/ausland/tief-im-regenwald-entsteht-indonesiens-neue-hauptstadt-16352647.html

Felgenhauer, Tilo (2007): Geographie als Argument, Stuttgart.

Fischer, Peter (2007): Mitte, Maß und Mäßigkeit. Zur Idee und Relevanz eines gesellschaftlichen Mittebezugs, Hamburg.

Flusser, Vilém (1993): Vom Stand der Dinge, übersetzt von Fabian Wurm, Göttingen.

Foucault, Michel (1967): »Andere Räume«, übersetzt von Walter Seitter, in: Karl-Heinz Barck (Hg.) 1992: Aisthesis. Wahrnehmung heute oder Perspektiven einer anderen Ästhetik, Leipzig, S. 34–46.

— (1971): »Nietzsche, die Genealogie, die Historie«, übersetzt von Walter Seitter, in: Ders. 2002: Schriften, II, Frankfurt/M., S. 166–91.

— (1975): Überwachen und Strafen. Die Geburt des Gefängnisses, übersetzt von Walter Seitter, Frankfurt/M. 1994.

Forschner, Maximilan (1977): »Besonnenheit«, in: Ottfried Höffe (Hg.) 2002: Lexikon der Ethik, München, S. 23f.

Forstner, Dorothea (1986): Die Welt der christlichen Symbole, Innsbruck/Wien.

Geiger, Theodor (1930): »Zur Theorie des Klassenbegriffs und der proletarischen Klasse« in: ders.: Arbeiten zur Soziologie, Neuwied 1962, S. 206–59.

— (1932): Die soziale Schichtung des deutschen Volkes, Stuttgart.

Gerhard, Ute (1991): »›Wo gleich große Gefahren links und rechts sich zeigen‹ – Das Paulskirchenparlament als geschlossene Gesellschaft«, Kulturrevolution 26/1991, S. 30–4.

Geuss, Raymond (2003): »Kritik, Aufklärung, Genealogie«, in: Axel Honneth u. Martin Saar (Hg.) 2003: Michel Foucault. Zwischenbilanz einer Rezeption, Frankfurt/M., S. 145–56.

Geyer, Michael (1978): »Militarismus. Der Erste Weltkrieg als Katalysator für Neuansätze der Definition«, in: Otto Brunner et al. (Hg.) 1978: Geschichtliche Grundbegriffe, Bd. 4, Stuttgart, S. 39–44.

Geyer, Steven (2018): »Die Folgen der Ignoranz«, Frankfurter Rundschau, 29.8.2018, www.fr.de/politik/folgen-ignoranz-10964201.html

Gibas, Monika (Hg.) (2003a): Mitten und Grenzen. Zu zentralen Deutungsmustern der Nation, Leipzig.

— (2003b): »›Deutschlands Mitte‹ in Meistererzählungen zur deutschen Geschichte«, in: dies. 2003a, S. 24–37.

— (2005): »Auf der Suche nach dem ›deutschen Kernland‹«, in: Gries/Schmale 2005, S. 195–209.

Gibas, Monika/Haufe, Rüdiger (Hg.) (2005a): »Mythen der Mitte«. Regionen als nationale Wertezentren – Konstruktionsprozesse und Sinnstiftungskonzepte im 19. und 20. Jahrhundert, Weimar.

— (2005b): »Einleitung«, in: dies. 2005a, S. 5–22.

Görger, Rüdiger (1992): »Anspruch und Würde der Mitte. Zu einer geistigen Standortfrage«, in: Guggenberger/Hansen, S. 38–54.

Götschenberg, Michael (2021): »›Querdenker‹ werden nun bundesweit beobachtet«, Tagesschau 28.4.2021, www.tagesschau.de/inland/verfassungsschutz-querdenker-103.html

Grahler, Martin (1977): »Mitte – Mischung – Mäßigung. Strukturen, Figuren, Bilder und Metaphern in der Politik und im politischen Denken«, in: Peter Haungs (Hg.) 1977: Res Publica. Studien zum Verfassungswesen, München, S. 82–114.

Greenfeld, Liah/Martin, Michel (Hg.) (1988a): Center. Ideas and Institutions, Chicago.

— (1988b): »The Idea of the ›Center‹. An Introduction«, in: dies. 1988a, S. VIII–XXII.

Gries, Rainer/Schmale, Wolfgang (Hg.) (2005): Kultur der Propaganda, Bochum.

Grieß, Andreas: »Deutsche fühlen sich als Mittelschicht«, Statista.de 2.3.2016.

Guggenberger, Bernd/Hansen, Klaus (Hg.) (1992): Die Mitte. Vermessungen in Politik und Kultur, Opladen.

Grosser, Alfred (1976): »Wahl und Demokratie in der Bundesrepublik«, in: Zur Wahl gestellt, Stuttgart/Zürich 1976, S. 9–21.

Hadril, Stefan (2015): »Die wachsende soziale Ungleichheit in der Diskussion« in: BpB, S. 10–29.

Haerdter, Michael (1998): »Mythos Mitte«, Positionen 1/1998, www.cloud-cuckoo.net/openarchive/wolke/X-positionen/Haerdter/haerdter.html

Haug, Frigga 1999: »Die neue Mitte – Bewegungsmöglichkeiten im Neoliberalismus«, Das Argument #233/1999, S. 795–809.

Haufe, Rüdiger (2003): »›Deutschlands Mitte‹ im Spiegel nationaler Literaturgeschichten vom Vormärz bis 1945«, in:

Gibas 2003, S. 10–23.
— (2008): »Das ›grüne Herz Deutschlands‹ – Eine Metapher im Spannungsfeld von Regionalismus, Nationalismus und Tourismus«, in Altenburg (Hg.) 2008, S. 219–50.
Haupt, Heinz-Gerhard (1985): »Die radikale Mitte: Aussagekraft eines Widerspruchs«, in: ders. (Hg.) 1985: Die radikale Mitte. Lebensweisen und Politik von Handwerkern und Kleinhändlern in Deutschland, München, S. 7–31.
Hegel, Georg Friedrich Wilhelm (1812/13): Philosophische Enzyklopädie, Hamburg 2002.
— (1830): Enzyklopädie der philosophischen Wissenschaften im Grundrisse, Teil 1, Werke Bd. 8, Frankfurt/M. 1986.
Henne, Thomas (2005): »Das Reichsgericht in der ›Mitte‹ des ›Rechtsraums‹ Deutschland«, in: Gibas 2005a, S. 155–64.
Herzinger, Richard (2002): »Mythische Mitte. Über das Ende der Konsensgesellschaft«, Merkur 7/2002, S. 628–34.
Holbraaten, Helge (2008): »Herders Entdeckung des Nordens – Sedlmayers ›Verlust der Mitte‹«, in: Altenburg (Hg.) 2008, S. 165–81.
Horn, Eva (2016): »Klimatologie um 1800. Zur Genealogie des Anthropozäns«, Zeitschrift für Kulturwissenschaften 1, S. 87–102.
Hübner, Peter (2002): »Rezension zu: John, Jürgen (Hrsg.): Mitteldeutschland. Begriff, Geschichte, Konstrukt«, H-Soz-Kult 18.1.2002, www.hsozkult.de/publicationreview/id/reb-2845
Institut für Mittelstandsforschung (IfM): »Mittelstand im Überblick«, www.ifm-bonn.org/statistiken/mittelstand-im-ueberblick/#accordion=0&tab=0
Jäger, Siegfried et al. (1998): Der Spuk ist nicht vorbei, Völkisch-nationalistische Ideologeme im öffentlichen Diskurs der Gegenwart, www.diss-duisburg.de/Internet-bibliothek/Buecher/Der%20Spuk%20ist%20nicht%20vorbei.pdf

Jesse, Eckhard (2006): »Grenzen des Demokratieschutzes in der offenen Gesellschaft – Das Gebot der Äquidistanz gegenüber politischen Extremismen«, in: ders. u. Uwe Backes (Hg.) 2006: Gefährdungen der Freiheit. Extremistische Ideologien im Vergleich, Göttingen, S. 493–520.

John, Jürgen (2000): »›Mitteldeutschland‹-Bilder«, in: Dorothea Schade (Hg.) 2000: Geschichte Mitteldeutschlands, Halle, S. 9–25.

— (2001)»Gestalt und Wandel der ›Mitteldeutschland‹-Bilder«, in: ders. (Hg.): »Mitteldeutschland«: Begriff – Geschichte – Konstrukt, Rudolstadt, S. 17–68.

— (2003): »›Deutschlands Mitte‹. Konturen eines Forschungsprojektes«, in: Gibas 2003a, S. 108–44.

— 2008): »›Deutsche Mitte‹ – ›Europas Mitte‹. Zur Verschränkung der ›Mitteldeutschland‹- und ›Mitteleuropa‹-Diskurse«, in Altenburg (Hg.) 2008, S. 11–80.

Josczok, Detlef (2004): »Lob des Mittelmaßes. Unzeitgemäße Betrachtungen über einen prekären Begriff«, Vorgänge #168/Heft 4 2004, S. 84–91.

Kadritzke, Ulf (2017): Mythos »Mitte«. Oder: Die Entsorgung der Klassenfrage, Berlin.

— (2018): »Mythos Mitte«, Der Freitag 47/2018, www.freitag.de/autoren/der-freitag/mythos-mitte

Kemp, Wolfgang (1989): »Mittelalterliche Bildsysteme«, in: Marburger Jahrbuch für Kunstwissenschaft, Bd. 22, Marburg 1989, S. 121–34.

Kondylis, Panajotis (1984): »Reaktion, Restauration«, in: Otto Brunner (Hg.) 1984: Geschichtliche Grundbegriffe, Bd. 5, Stuttgart, S. 179–230.

Konicz, Tomasz (2018): »Querfront als Symptom«, Telepolis 28.1.2018, www.heise.de/tp/features/Querfront-als-Symptom-3952540.html?seite=all

Koppetsch, Cornelia (2013): Die Wiederkehr der Konformität. Streifzüge durch die gefährdete Mitte, Frankfurt/M.

Koselleck, Reinhart (1975): »Zur historisch-politischen Semantik asymmetrischer Gegenbegriffe«, in: ders. (Hg.) 1975: Vergangene Zukunft. Zur Semantik geschichtlicher Zeiten, Frankfurt/M., S. 211–59.

Kracauer, Siegfried (1930): Die Angestellten. Aus dem neuesten Deutschland. Frankfurt/M.

Krämer, Hans Joachim (1958): Arete bei Platon und Aristoteles. Zum Wesen und zur Geschichte der platonischen Ontologie, Heidelberg.

Kramer, Katharina (2010): »Warum viele an rechts und links scheitern«, Wissenschaft 17.8.2010, www.wissenschaft.de/gesundheit-medizin/warum-viele-an-rechts-und-links-scheitern-2

Krause, Olivier (2020): »Die Reduktion von Komplexität: Anmerkungen zur Popularität der Heartland-Theorie Halford J. Mackinders«, Leibnitz-Institut für Länderkunde, https://blog.leibniz-ifl.de/2020/04/die-reduktion-von-komplexitaet-anmerkungen-zur-popularitaet-der-heartland-theorie-halford-j-mackinders

Kraushaar, Wolfgang (2005): »Extremismus der Mitte. Zur Logik einer Paradoxie«, in: Loenhard Fuest/Jörg Löffler (Hg.) 2005: Diskurse des Extremen. Über Extremismus und Radikalität in Theorie, Literatur und Medien, Würzburg, S. 13–22.

Landwehr, Achim (2014): Die Geburt der Gegenwart. Eine Geschichte der Zeit im 17. Jahrhundert. Frankfurt/M.

Lang, Bernhard/McDannell, Colleen (1988): Der Himmel. Eine Kulturgeschichte des ewigen Lebens, Frankfurt/M./Leipzig 1996.

Lantz, Pierre (1991): »Räumliche Orientierung und politische Ausrichtung«, Kulturrevolution #26/1991, S. 14–8.

Leipziger Forum für kritische Rechtsextremismusforschung (Hg.) (2011): Ordnung.Macht.Extremismus. Effekte und Alternativen des Extremismusmodells, Wiesbaden.

Lemke, Thomas (1997): Eine Kritik der politischen Vernunft, Foucaults Analyse der modernen Gouvernementalität,

Hamburg.
Lenk, Kurt (1994): Rechts wo die Mitte ist, Baden-Baden.
— (2009): »Vom Mythos der politischen Mitte«, BpB 10.9.2009, www.bpb.de/apuz/31749/vom-mythos-der-politischen-mitte?p=all
Link, Jürgen (1991): »Links/rechts, Mitte/Extreme – Metamorphosen einer politischen Landschaft«, Kulturrevolution #26/1991, S. 19–24.
— (1995): »Gewinn der Mitte«, Texte zur Kunst #20/1995, S. 43–59.
— (2018): »Kollektivsymbolik marsch! MITTE PUR!«, Kulturrevolution #72/1991, https://zeitschrift-kulturrevolution.de/kollektivsymbolik-marsch-mitte-pur-macron-und-der-wille-zum-ruck-eines-flexiblen-radikalnormalismus
— (2018): Normalismus und Antagonismus in der Postmoderne, Göttingen.
Löbbert, Raoul (2021): »Er will streiten«, Zeit-Magazin 11/2021, www.zeit.de/zeit-magazin/2021/11/wolfgang-thierse-identitaetspolitik-gesellschaft-sozialdemokratie
Mackinder, Halford J. (2019): Der Schlüssel zur Weltherrschaft: Die Hearthland-Theorie, herausgegeben von Willy Wimmer, Frankfurt/M.
Marg, Stine (2014): Mitte in Deutschland: Zur Vermessung eines politischen Ortes, Bielefeld.
Markwardt, Nils (2019): »Luftmensch gegen Erdmensch«, Die Zeit 4.8.2019, www.zeit.de/kultur/2019-07/stadt-land-unterschiede-kulturkampf-infrastruktur-globalisierung-bevoelkerung/komplettansicht
Marquard, Odo (1994): »Apologie der Bürgerlichkeit«, in: ders. (Hg.) 2000: Philosophie des Stattdessen, Stuttgart, S. 94–107.
Mau, Steffen (2015): »Die Mittelschicht – das unbekannte Wesen?« in: BpB, S. 126–38.
Maus, Heinz (1981): Die Traumhölle des Justemilieu. Er-

innerung an die Aufgaben der Kritischen Theorie, Frankfurt/M.

Mayer, Tilman/Meier-Walser, Reinhard (Hg.) (2002): Der Kampf um die politische Mitte: Politische Kultur und Parteiensystem seit 1998, München.

Mayer-Tasch, Peter-Cornelius (2006): Mitte und Maß. Leitbild des Humanismus von den Ursprüngen bis zur Gegenwart, Baden-Baden.

Meyer-Abich, Klaus Michael (1997): »Mitwelt«, in: Wulff, S. 140–48.

Müller, Werner (1961): Die heilige Stadt. Roma quadrata himmlisches Jerusalem und die Mythe vom Weltnabel, Stuttgart.

Müller, Ernst/Schmieder, Falko (2016): Begriffsgeschichte und historische Semantik, Frankfurt/M.

Müller, Reimar (2005): »Montesquieu über Umwelt und Gesellschaft – die Klimatheorie und ihre Folgen«, Sitzungsberichte der Leibniz-Sozietät 80, S. 19–32.

Münkler, Herfried (1994): Politische Bilder, Politik der Metaphern, Frankfurt/M.

— (2010): Mitte und Maß – Der Kampf um die richtige Ordnung. Berlin.

— (2015a): »Die Entstehung des Mitte-Paradigmas in Politik und Gesellschaft« in: BpB, S. 206–16.

— (2015b): Macht in der Mitte. Die neuen Aufgaben Deutschlands in Europa, Hamburg.

Nathaus, Klaus (2009): Organisierte Geselligkeit. Deutsche und britische Vereine im 19. und 20. Jahrhundert, Göttingen.

ND (2019): »Sachsen-CDU vergleicht DDR mit dem NS-Regime«, Neues Deutschland 21.7.2019, www.neues-deutschland.de/artikel/1123132.landtagswahl-in-sachsen-sachsen-cdu-vergleicht-ddr-mit-dem-ns-regime.html

Niehues, Judith (2015): »Die Mittelschicht – stabiler als ge-

dacht« in: BpB, S. 139–50.
— (2017): Die Mittelschicht in Deutschland – Vielschichtig und stabil, Köln.
Niehus, Judith/Stockhausen, Maximilian (2019): »Einkommensverteilung nach sozioökonomischen Teilgruppen«, IW-Kurzbericht 53/2019, Institut der deutschen Wirtschaft.
Nietzsche, Friedrich (1887): Zur Genealogie der Moral, in: KSA 5, S. 245–412.
Noack, Ulrich (1946): Deutschlands neue Gestalt in einer suchenden Welt, Frankfurt/M.
Nolte, Paul (2005): »Eine kurze Geschichte der Mitte«, Berliner Republik 3/2002, www.b-republik.de/archiv/eine-kurze-geschichte-der-mitte
— (2007): »Zwischen Erosion und Erneuerung: Die gesellschaftliche Mitte in Deutschland«, in: Jörg Schule-Altedorneburg (Hg.) 2007: Die Mitte als Akteur der Gesellschaft, Frankfurt/M., S. 12–23.
Oberreuter, Heinrich (2001): »Institution und Inszenierung. Parlamente im Symbolgebrauch der Mediengesellschaft«, in: Gert Melville (Hg.) 2001: Institutionalität und Symbolisierung, Köln/Weimar/Wien, S. 659–70.
Oettermann, Stephan (1981): Das Panorama. Die Geschichte eines Massenmediums, Frankfurt/M.
Oppenhäuser, Holger (2011): »Das Extremismus-Konzept und die Produktion von politischer Normalität«, in: Leipziger Forum für kritische Rechtsextremismusforschung 2001, S. 35–58.
Ottmann, Henning (1980a): »Maß«, in: Ritter/Gründer, Sp. 807–11.
— 1980b: »Mesotes«, in: Ritter/Gründer 1980, Sp. 1158–61.
Owen, David (2003): »Kritik und Gefangenschaft. Genealogie und Kritische Theorie«, in: Axel Honneth u. Martin Saar (Hg.) 2003: Michel Foucault. Zwischenbilanz einer Rezeption, Frankfurt/M., S. 122–44.

Palladio, Andrea (1570): Die vier Bücher zur Architektur, Basel/Boston/Berlin 2006.

Pascal, Blaise (1670): Gedanken über die Religion, übersetzt von Karl Adolf Blech, Berlin 2013.

Patzelt, Werner J. (2001): »Symbolizität und Stabilität. Vier Repräsentationsinstitutionen im Vergleich«, in: Gert Melville (Hg.) 2001: Institutionalität und Symbolisierung, Köln/Weimar/Wien, S. 603–38.

Peters, Werner (1992): »Mitte und Maß« in: Guggenberger/ Hansen, S. 31–7.

Picaper, Jean-Paul (2002): »Mitte oder Mythos? Die Rechte, die Linke - und die Mitte? Eine französische Perspektive«, in: Mayer/Meier-Walser 2002, S. 282–92.

Platon (Rep): Der Staat, übersetzt von Karl Vretska, Stuttgart 2000.

Plessner, Helmuth (2002): Die Grenzen der Gemeinschaft, Frankfurt/M.

— (2003): Conditio Humana, Gesammelte Schriften, Bd. VIII, Frankfurt/M.

Prüwer, Tobias (2011): »Zwischen Skylla und Charybdis: Motive von Maß und Mitte«, in: Leipziger Forum für kritische Rechtsextremismusforschung 2011, S. 59–84.

— (2014): »Ein bisschen Frieden«, Kreuzer 22.4.2014, https://kreuzer-leipzig.de/2014/04/22/ein-bisschen-frieden

— (2015): »Ab durch die Mitte: Zur Basis der Extremismusfalle«, Sprachlosblog 27.8.2015, http://sprachlos-blog.de/ab-durch-die-mitte-zur-basis-der-extremismusfalle

— (2018): Welt aus Mauern, eine Kulturgeschichte, Berlin.

Rahmsdorf, Sabine (1999): Stadt und Architektur in der literarischen Utopie der frühen Neuzeit, Heidelberg.

Ranke, Kurt und Herbert Jankuhn (1976): »Bannkreis«, in: Johannes Hopps (Hg.) 1976: Reallexikon der Germanischen Altertumskunde, Bd. 2, Berlin/New York, S. 40–5.

Reichert, Folker (2014): Asien und Europa im Mittelalter:

Studien zur Geschichte des Reisens, Göttingen.

Reudenbach, Bruno (1992): »Die Gemeinschaft als Körper und Gebäude«, in: Klaus Schreiner (Hg.) 1992: Gepeinigt, begehrt, vergessen – Symbolik und Sozialbezug des Körpers im späten Mittelalter und in der frühen Neuzeit, München, S. 171–98.

Ritter, Joachim/Gründer, Karlfried (Hg.) (1980): Historisches Wörterbuch der Philosophie, Bd. 5, Basel.

Röhrich, Lutz (1992): Das große Lexikon der sprichwörtlichen Redensarten, Bd. 2, Freiburg.

Röpke, Wilhelm (1950): Maß und Mitte, Bern/Stuttgart 1979.

Röttgers, Kurt (2006): »In der Mitte: Das Medium. Mittel – Mitte – Mit«, in: Schmitz-Emans 2006a, S. 16–33.

Röttges, Heinz (1980): »Mitte«, in: Ritter/Gründer, Sp. 1421–24.

Rosa-Luxemburg-Stiftung (2011): »Extremismustheorie auf dem Prüfstand«, Podiumsdiskussion am 4.10.2011 in Frankenberg/Sa., www.youtube.com/watch?v=KOxTol82YOo&feature=share

Roscher, Wilhelm Heinrich (1913): »Omphalos«, in: Abhandlungen der philologisch-historischen Klasse der Königlich-Sächsischen Gesellschaft der Wissenschaften, B. 29., Leipzig.

Rücker, Helmut (1980): »Der M.-Begriff im Alt- und Mittelhochdeutschen«, in: Ritter/ Gründer, Sp. 811f.

Schaible, Jonas (2021): »Identitätspolitik ist überall«, Spiegel-Online 6.3.2021, www.spiegel.de/politik/deutschland/spd-identitaetspolitik-ist-ueberall-a-fd9417fa-d716-46b4-b7c6-5ee26e99efa2

— (1980b): »<M.> als ästhetischer Begriff«, in: Ritter/Gründer, Sp. 814–23.

Schildt, Axel (2001): »Bürgerliche Gesellschaft und kleinbürgerliche Geborgenheit – zur Mentalität im westdeutschen Wiederaufbau der 50er Jahre«, in: Althaus 2001a, S. 295–312.

Schilling, Harald (1930): Das Ethos der Mesotes, Tübingen.
Schmitt, Carl (1923): Die geistesgeschichtliche Lage des heutigen Parlamentarismus, Berlin 1991.
Schmitz-Emans, Monika (Hg.) (2006a): Mitte. Philosophische, medientheoretische und ästhetische Konzepte, Essen.
— (2006b): »Einleitung. Zur Semantik der ›Mitte‹. Vorüberlegungen«, in: dies. 2006a, S. 7–15.
— (2006c): Mittelachsen. Symmetrien. Asymmetrien, in: dies. 2006a, S. 166–89.
Schobert, Alfred (1995): »Mitte und Normalität. Zur Gleichzeitigkeit von moderner Kollektivsymbolik und traditioneller institutionalistischer Symbolik«, in: ders. 2009: Analysen und Essays. Extreme Rechte – Geschichtspolitik – Poststrukturalismus, Münster, S. 395–414.
Schöneck, Nadine M./Ritter, Sabine (Hg.) 2018a: Die Mitte als Kampfzone. Wertorientierungen und Abgrenzungspraktiken der Mittelschichten, Bielefeld.
— (2018b): »Die gesellschaftliche Mitte als Kampfzone – Perspektiven und Fragestellungen. Zur Einleitung«, in: dies. 2018a, S. 11–26.
Schroer, Markus (2006): Räume, Orte, Grenzen – Auf dem Weg zu einer Soziologie des Raumes, Frankfurt/M.
Schürmann, Volker (2006): Vermittelte Unmittelbarkeit. Plessners taktvolles Spiel mit der menschlichen Würde, in: Schmitz-Emans 2006a, S. 34–46.
Schultz, Hans-Dietrich: »Räume sind nicht, Räume werden gemacht. Zur Genese ›Mitteleuropas‹ in der deutschen Geographie«, Europa Regional 1/1997, S. 2–14.
— (2004): »Der ›Stein des Anstoßes‹ (Riehl): ›Mitteldeutschland‹. Antworten der ›klassischen‹ Geographie«, Berichte zur deutschen Landeskunde (78), S. 371–99.
— (2005): »Deutschland und seine ›Mitte‹ aus Sicht der klassischen (länderkundlichen) Geografie«, in: Gibas/Haufe 2005a, S. 23–58.

Schwarz, Carolina (2020): »Die Datenlücke tötet Frauen«, Taz 27.5.2020, https://taz.de/Gender-und-Wissenschaft/!5685021

Schwarzkopf, Stefan (2005), »Die ›Neue Mitte‹«, in: Gries/Schmale 2005, S. 211–50.

Sedlmayr, Hans (1948): Verlust der Mitte, Die bildende Kunst des 19. und 20. Jahrhunderts als Symptom und Symbol der Zeit, Salzburg/Wien 1998.

Seeßlen, Georg (2000): »Die neue Mitte oder das Ding auf der Schwelle«, in: ders. 2002: Orgasmus und Alltag. Kreuz- und Querzüge durch den medialen Mainstream, Hamburg, S. 31–6.

Seils, Christoph (2012): »Mythos Mitte oder der politische Tanz um das Nichts«, Tagesspiegel 6.2.2012, www.tagesspiegel.de/meinung/parteien-mythos-mitte-oder-der-politische-tanz-um-das-nichts/6167560.html

Sennet, Richard (1991): »Civitas – Die Großstadt und die Kultur der Unterschiede«, übersetzt von Reinhard Kaiser, Frankfurt/M.

Sennhauser, Rudolf: »Stadtumgrenzung und Grenzen in der Stadt«, in: Stadt und Landmauern, Bd. 3, Zürich 1999, S. 147–67.

Shils, Edward (1988): »Center and Periphery. An Idea and Its Career, 1935–1987«, in: Greenfeld/Martin 1988a, S. 250–82.

Singer, Milton (1988): »Symbolism of the Center, the Periphery, and the Middle«, in: Greenfeld/Martin 1988a, S. 210–49.

Spahn, Peter (1977): Mittelschicht und Polisbildung, Frankfurt/M.

Spalding, Keith (1984): An Historical Dictionary of German Figurative Usage, Bd. 4, Oxford.

Stöcker, Christian (2019a): »Der ›Menschenverstand‹ ist ein Schwachkopf«, Spiegel-online 27.1.2019, www.spiegel.de/wissenschaft/mensch/politische-argumente-der-

menschenverstand-ist-ein-schwachkopf-a-1250050.html
— 2019b: »Wer hat Angst vorm kleinen Mann?«, Spiegelonline 11.8.2019, www.spiegel.de/wissenschaft/mensch/klimapolitik-und-soziale-frage-a-1281264.html
Therborn, Göran et al. (2016): »Gehört das 21. Jahrhundert der Mittelklasse?«, Luxemburg 3/4/2013, www.zeitschrift-luxemburg.de/gehoert-das-21-jahrhundert-der-mittelklasse
Theweleit, Klaus (2020): Warum Cortés wirklich siegte, Berlin.
Van Dyk, Silke (2018): »Die Mitte und ihr Anderes. Flexibilisierte Randzonen des Sozialen in Zeiten des Rechtspopulismus«, in: Schöneck/Ritter 2018a, S. 197–216.
Vardakis, Marko (1984): Die Mesoteslehre des Aristoteles, Heidelberg.
von Bredow, Wilfried (1992): »Die Mittelmacht. Über die Rolle des vereinten Deutschland in der internationalen Politik«, in: Guggenberger/Hansen, S: 161–76.
Vogler, Christine (2020): »Männliche Normen ›vergessen‹ Frauen«, ORF 11.2.2020, https://orf.at/stories/3153287
Voßkuhle Andreas (2016): Die Verfassung der Mitte, München.
Waldenfels, Bernhard (1990): Der Stachel des Fremden, Frankfurt/M.
— 2006: Schattenrisse der Moral, Frankfurt/M.
Wander, Karl Friedrich Wilhelm (Hg.) (1964): Deutsches Sprichwörter-Lexikon, Bd. 3, Darmstadt.
Wassmann, Jürg (2003): »Was für die einen links, ist für die anderen rechts …«, www.uni-heidelberg.de/presse/ruca/ruca03_01/wassmann.html
Westerwelle, Guido (2010): »An die deutsche Mittelschicht denkt niemand«, Welt online 11.2.2010, www.welt.de/debatte/article6347490/An-die-deutsche-Mittelschicht-denkt-niemand.html
Weltsch, Felix (1965): Das Wagnis der Mitte – Ein Beitrag

zur Ethik und Politik der Zeit, Stuttgart.
Wendorff, Rudolf (1980): Zeit und Kultur. Geschichte des Zeitbewusstseins in Europa, Opladen.
Willett, John (1981): Explosion der Mitte. Kunst und Politik 1917–1933, München.
Wittgenstein, Ludwig (1921): Tractatus logico-philosopicus; in: Schriften 1; Frankfurt/M. 1969, S. 7–85.
— (1953): Philosophische Untersuchungen, in: Schriften 1; Frankfurt/M. 1984, S. 225–580.
Wölfl, Lisa (2020): »Weibliche Crash Test Dummies: ›Frauen sind nicht einfach kleinere Männer‹«, Moment 14.2.2020, www.moment.at/story/weibliche-crash-test-dummies-frauen-sind-nicht-einfach-kleinere-maenner
Wolgast, Eike (1984): »Reform, Reformation«, in: Otto Brunner et al. (Hg.) 1984: Geschichtliche Grundbegriffe, Bd. 5, Stuttgart, S. 313–60.
Wulf, Christoph (Hg.) (1997): Vom Menschen. Handbuch Historische Anthropologie, Weinheim/Basel.
Zedler, Heinrich (Hg.) (1732–54): »Mittel-Punct oder Mitte eines Circkels«, in: ders. (Hg.) 1732–54: Universal-Lexicon, Bd. 21, Sp. 603, www.zedler-lexikon.de/blaettern/einzelseite.html?id=190184&bandnummer=21&seitenzahl=0319&supplement=0&dateiformat=1
Zische, Paul (2005): »Der Begriff der ›Mitte‹ in Aristoteles' Wissenschaftskonzeption«, in: Archiv für Begriffsgeschichte, Bd. 47, Hamburg 2005, S. 9–24.

Alfred Barth

Im Namen der Wahrheit

Naturwissenschaft
und Monotheismus

ISBN 978-3-96824-006-0
Softcover, 12 x 21 cm
106 Seiten

10,90 EUR [D] /
11,30 EUR [A] /
15,00 CHF UVP

Erhältlich im Buchhandel

Naturwissenschaft und Monotheismus werden in der Regel als Gegenspieler betrachtet, die kaum etwas miteinander gemein haben und scharf voneinander abzugrenzen sind. Der Wiener Philosoph und Psychologe Alfred Barth korrigiert dieses Bild in seinem neuen Buch und deckt die Gemeinsamkeiten von Naturwissenschaft und Monotheismus auf, die zumeist verdrängt werden.

Im Zentrum seiner Kritik steht der Anspruch auf absolute Wahrheit, den die monotheistischen Religionen ebenso wie die Naturwissenschaften erheben. Monotheisten wähnen sich im Besitz des wahren Glaubens, während die Naturwissenschaften für sich reklamieren, über die einzig wahre Methode zur Erforschung der Welt zu verfügen. Dieser Wahrheitsanspruch ist die Quelle einer fortwährenden Bereitschaft zu Intoleranz und Gewalt, die von Monotheismus und Naturwissenschaft auf jeweils spezifische Art und Weise ausagiert wird. Eine Alternative bieten die Spätphilosophie Wittgensteins sowie die Rhizom-Theorie von Gilles Deleuze und Félix Guattari. Diese geben den absoluten Wahrheitsanspruch auf und entwerfen ein Weltbild, das polytheistische Züge trägt.